DIGITAL

数字化实战

政府和企业的数字化转型指南

董波◎著

COMBAT

中国科学技术出版社
·北 京·

图书在版编目（CIP）数据

数字化实战：政府和企业的数字化转型指南 / 董波著 . -- 北京：中国科学技术出版社，2024. 6. -- ISBN 978-7-5236-0848-7

Ⅰ . D63-39

中国国家版本馆 CIP 数据核字第 2024RF0417 号

策划编辑	申永刚　于楚辰	责任校对	吕传新
责任编辑	申永刚	版式设计	蚂蚁设计
封面设计	潜龙大有	责任印制	李晓霖

出　　版	中国科学技术出版社
发　　行	中国科学技术出版社有限公司
地　　址	北京市海淀区中关村南大街 16 号
邮　　编	100081
发行电话	010-62173865
传　　真	010-62173081
网　　址	http://www.cspbooks.com.cn

开　　本	710mm × 1000mm　1/16
字　　数	230 千字
印　　张	20
版　　次	2024 年 6 月第 1 版
印　　次	2024 年 6 月第 1 次印刷
印　　刷	北京盛通印刷股份有限公司
书　　号	ISBN 978-7-5236-0848-7 / D · 141
定　　价	99.00 元

PREFACE

前言

近年来，发展数字经济、建设数字中国已上升为国家战略。从中央到地方，从政府到企业，都在积极探索利用数字化技术和手段来重塑经济结构、提升组织效能、激发增长动能。

因缘际会，在过去的三四年间，我曾深度参与一波地方政府掀起的数字化浪潮，见证了从风起浪涌到偃旗息鼓的周期起伏。我也调研评估了全国多个地方、多个领域的数字化建设，见识了不同的创新探索，感受到了各地的巨大差距。由于工作上的关系，我和一些从事数字开发的科技公司合作，获得了一线“施工队”的视角和感悟。

最大的感触是，各方对数字化的投入巨大，但经得起时间检验的成果却寥寥。为何这样？我觉得原因不外有三：

其一是不知数字化是系统性工程。系统性工程需要顶层设计、整体架构和系统推进。有些政府部门或企业把数字化视作一次赶时髦的尝试，花重金打造一两个样板场景。这类数字化工程缺乏可持续运行的必要条件，如数据底座、运转流程、外部接口等，最终沦为中看不中用的“小盆景”，等领导的新鲜劲或重视度一过，就自然消亡了。

其二是不知数字化需要持之以恒。从信息化到数字化，再到智能化，是一个不断迭代的过程。推进数字化需循序渐进，更要持之以恒，尤其像面对数据中台这样的基础性工作，需下死工夫，但有些决策者急功近利，追求短期效果，当看不到明显回报时就中止了尝试，让好不容易有所起色的数字化工作功亏一篑。

其三是不知数字化必须全员参与。有些政府部门或企业把数字化转型的职责布置给了信息化部门，或委托给专业开发公司，认为“让专业的人做专业的事”，组织一小批人埋头开发就行，导致总体架构一开始就脱离了业务的真实需求。参与数字化项目的业务人员无论在自身素养和行为上均未做好数字化转型的准备，在强力推行下有抵触心理。

以上种种，屡见不鲜。这不禁让我思忖：是否应该编写一本数字化指南读本，其中要有对数字化架构的系统性介绍，也要有时间纵深感的回顾展望，同时还要有较强的可读性，让任何非信息专业的人都能轻松阅读和掌握。这本书还应兼具“桥梁”的功能，让业务人员知晓数字化技术的可达性，让技术人员理解业务场景的需求逻辑，这样才能对齐颗粒度、打通底层逻辑、形成闭环。

出于这样的期待和野心，也是想针对过去四年的数字化实战进行一次梳理和总结，我历时一年终成此书。全书共分为十章，像基础设施、数据中台、业务中台、应用场景等，是典型的数字化“四梁八柱”，而愿景、架构、安全、组织变革、数据价值、智能化等，体现了在数字化实战实操中如何步步为营、层层推进。这本书，最适合负责推进数字化转型的政府部门或企业的主管阅读，能让他们以此为指南，快速成为一名称职的数字化总架构师。当然，本书也适合数字化的全员参与者阅读，让大家都能窥一斑而知全豹。

本书由董波著，撰写过程中，张兴文、方竞、葛俊、包芊颖、黄成凤、刘冠楚、覃缘琪、陈旭、陈怡桐、张雯、方丹、王云云、高金莎老师提供了相关章节的资料收集、整理等帮助。在起草过程中，我们对全国各地的典型场景和成功经验进行了调研走访，得到了各单位的大力支持，在此一并谢过。同时，本书出版也受到浙江省科学技术厅重点软科学研究项目“数字化改革牵引的关键核心技术攻关理论制度研究”（2023C25058）的资助，是该项目的阶段性成果之一。

由于时间仓促，作者水平有限，书中难免有错误和不妥之处，欢迎业界同行批评指正。

CONTENTS

目录

第一章

明确目标愿景

理解数字化概念和描绘数字化愿景，是进行数字化建设的前提和基础。本章围绕数字化转型的目标愿景，从什么是数字化、为什么要数字化以及如何制定数字化目标三方面展开探讨。数字化概念体系详尽阐述了数字化的本质特征，能够为组织推进数字化建设提供行动指南；数字化愿景决定数字建设的方向和重点，能够最大化激发数字化红利。基于此，充分把握数字化概念内涵，制定切实可行的数字化目标尤为关键。

第一节 什么是数字化

一、数字化的定义及特征

数字化是组织利用先进技术来优化或创建新的业务模式，以用户为中心、以数据为驱动，利用先进技术打破传统的组织效能和行业边界，创新业务模式，为组织创造新价值的过程。数字化不仅仅是 IT 技术的更迭换代，更是对客户体验、业务模式、运营模式和员工能力等方方面面进行改进和重新设计，其目的在于寻找新的方法来交付价值、创造收入和提高效率。

（一）以用户为中心

以用户为中心是政府和企业数字化的核心和出发点，其目的在于提升用户体验、为用户创造价值，常见的方式包括畅通触达客户、方便客户交互、提升客户效率和体验、减少客户各项成本等。此外，以用户为中心还可以减少数字化转型过程中的内部阻力，能够帮助一线工作人员赢得客户，从而使数字化的改革更容易获得内部部门间的支持与配合。在企业数字化转型中，其外部用户是客户，内部用户是员工。微软、思爱普（SAP）、花旗银行、汇丰银行等企业在开始数字化之路时，都强调关注客户的核心需求和赋能员工的方式方法。在政府数字化转型中，“以人民为中心”的发展思想成为共识，并贯穿政府治理的方方面面。提升群众的获得感和体验，把群众利益作为各项政策的落脚点，可以说是政府部门的“用户思维”。

以用户为中心需要贯穿数字化转型始终。数字化征程漫长且永无止境，利用数字化力量实现组织持久繁荣并非一时之功。随着数字化进程的不断深化，乃至在面临转型瓶颈时，愈发需要定期反思和核查我们是否始终保持着对用户中心思想的贯彻执行，是否真正实现了为用户创造实际价值的目标，又是否凭借这种价值赢得了用户的青睐。只有这样，才能确保数字化转型始终沿着正确且可持续的道路稳步迈进。

（二）以数据为驱动

数据是数字化的燃料和驱动力。数据驱动的本质是利用技术工具突破数据流动与交换壁垒，实现业务赋能。在企业数字化转型中，阿里巴巴提出了“一切业务数据化，一切数据业务化”的数字化实践理念。换言之，数字化建设就是一个从业务到数据，然后再让数据回归到业务的过程。在政府数字化转型中，“最多跑一次”改革的核心内容是打通各部门、各层级、各领域间的信息壁垒，以业务数据流通推动服务流程再造，从而实现“数据多跑路，群众少跑腿”。无论是在企业数字化转型还是政府数字化转型过程中，确保数据在不同部门间流动的安全性是重要的前提条件，这不仅需要在技术层面提高信息系统、数据平台的安全防护能力，还需要在制度层面建立起完善的数据开放共享机制、数据安全防护标准规范等，共同确保共享数据的安全和权责。

但是，通过数据赋能业务来提高工作质效并不能一蹴而就。随着数据化建设进程的加速推进，各种组织如政府部门、医疗机构、企业等内部均沉淀了海量数据，然而受限于组织内部数字化人才不足、数字技术应用未能普及等影响，真正能够发挥数据价值的组织并不多，绝大部分政府部门、企业还面临着空有大量数据，却不会用或者不敢用的困境。

（三）利用先进技术

善用先进技术是实现数字化高效发展的关键。诸如人工智能、大数据、云计算、区块链、物联网以及 5G 等新一代信息技术，正持续不断地塑造和革新着我们的生活环境与社会生态。如智能家居、远程医疗、在线教育、数字支付、社交媒体等，新一代信息技术使公众生活更加便捷化和智能化。更重要的是，技术的发展可能会颠覆和重塑我们的生产和生活方式。因此数字化的进程必然需要善用先进技术，超前探索未来生产和生活形态。

数字化的进程离不开先进技术的发展与应用，如工厂车间内通过区块链、大数据与云计算等新一代数字技术将各种物联网、传感器中的数据串联在一起，催生了制造的新时代，即智能制造或数字化制造。诸多国家先后制定出台了数字化发展战略，以期可以激发新兴技术赋能国家建设的潜力，包括德国的“工业 4.0”、中国的“中国制造 2025”、日本的“社会 5.0 战略”、美国的“先进制造伙伴关系”和“工业互联网”战略等。

（四）创新业务模式

创新业务模式既是数字化的目标，也是数字化的需求起点，其核心目标是期望通过部门组织间的协同合作来最大化提高决策效率和质量、提升用户满意度以及风险应对能力，具体手段包含建设信息化系统、数字生态平台等。在企业数字化转型中，降本增效是其创新业务模式的具体表现。如华为利用数字技术构建了一个全感知、全联接、全场景、全智能的数字世界，并对传统管理模式、业务模式、商业模式进行创新和重塑，从而实现数字化转型。在政府数字化转型中，创新业务模式的具体表现为科学决策、精准治理、高效服务、开放民主。如欧盟《塑造欧洲数字未来》提出了战略发展目标，即“开发以人为本的技术”“发展公平且有竞争力的数字经济”“通过数字化塑造开放、民主和可持续发展的社会”，希望通过建立以数字技术为动力的欧洲社会，使其成为数字化转型的全球领导者。

二、数字化发展阶段

数字化是一个不断持续迭代升级的过程。数字化转型本身具有不确定性，即不同企业、不同政府部门的数字化转型没有固定的形态和一成不变的路径，转型所要达到的目标也随组织实际情况的不同而千差万别。从我国数字化建设历程及未来趋势看，我国政府和企业的数字化转型大致可分为基础信息化、应用数字化以及全面智能化三个阶段。

（一）基础信息化

信息化是数字化的基础。在这一时期，数字化建设与信息（IT）技术的演进和网络的普及基本同步，我们主要期望通过搭建办公信息系统来实现业务流程信息化，如政府部门搭建了政府门户网站，向公众公开各类政务信息，以此来提高政务透明度；企业的数字化表现为生产自动化、流程信息化，如企业资源计划系统（ERP）、客户关系管理系统（CRM）、人力资源管理系统（HRMS）等。

（二）应用数字化

信息基础设施的建立为数字应用场景的搭建提供了支撑。在这一时期，各部门基于信息系统所建立的数字化通道，开展点状的智能应用开发，以满足用户更多样化的服务需求。政务服务、交通、安防等领域开发了诸多智能技术和产品的应用来为公众办事需求提供便利，如在线客服、生物身份识别、交通事件智能识别、智能自助终端等。而企业也开始研发各类数字应用，以期可以为客户提供更实时、更便捷的线上服务。

（三）全面智能化

智能化是数字化的进化方向。在这一时期，数据成了一种关键资源，组织借助智能技术和算法模型将重塑组织内部决策、服务和治理模式。政府服务能力、企业运营效率、城市治理水平将会大幅度提升。在点状的数字化创新的基础上，利用智能化工具进一步挖掘“点”之间的内在连接和规律，让从前一个个孤立的“点”涌现出新价值。

第二节 为什么要数字化

一、数字化建设的必要性

（一）数字化是时代进步的必然要求

随着技术进步和社会变革进程的加速，组织面临着越来越大的应对压力，数字世界的赢家将是利用技术来开发数据潜力并拥有应对变化的思维方式和文化的人。这意味着组织必须发展能力，以实时了解正在发生的事情，并及时应对可能出现的威胁和机遇。

（二）数字化可以实现降本增效

一些数字化建设起步较早的城市已经开始探索如何利用数字技术来提升城市管理效能，如采用物联网技术来监测和管理城市基础设施，实时了解交通流量、垃圾桶状态、能源使用情况等。从企业角度来看，他们可以通过数字化手段自动执行许多日常业务流程，如订单处理、发票管理、库存跟踪等，降低对人力资源的需求。

（三）数字化工具可以洞察外部导向

数字化以深入的数据分析为基础，可以为组织创造价值并简化各业务部门的决策过程。组织可以通过巧妙运用战略性数据来扩展业务规模，以更迅速、更经济的方式为客户提供个性化服务。通过有计划地投资于专业人才、先进平台和高效流程，组织可以将信息转变为深刻的洞察，从而取得竞争优势。

（四）数字化使组织做出敏捷反应

面对持续演变的业务环境、社会发展和技术革新，组织能否灵活适应并迅速调整成了其能否获得竞争优势的关键要素。数字化技术恰好能助力于此，它能通过对用户数据的精确且实时分析，为组织提供快速响应的决策依据，并赋予团队自主调整组织结构和高效协同合作的能力（图 1-1）。

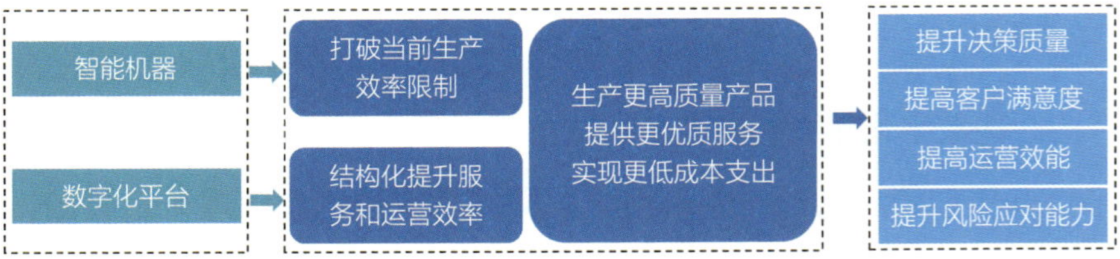

图 1-1　企业数字化建设的必要性

资料来源：华为企业架构与变革管理部．华为数字化转型之道 [M]．北京：机械工业出版社，2022.

二、政府的数字化愿景

（一）提高服务效能

数字化正在深刻重塑政府的治理方式和治理效能，使精细化的现代治理成为可能。在食品安全监管领域，利用传感器和可追溯技术实施全链条监控，政府可以实时掌握食品“从田间到餐桌”的生产、加工、流通等环节信息，大大提高了监管效能。在交通管理领域，车联网和定位服务使每一辆车的行驶轨迹都可以出现在监控屏幕上，可为交通部门动态监测路况、指挥疏导交通提供有力支撑。在生态环境治理中，各类物联传感器实现了对土壤、水源、大气等资源的全方位实时监测，政府可以快速发现环境问题，及时制定针对性治理举措，推动生态文明建设不断深入。

专栏 1-1

政府治理能力现代化案例

1. 食品监管案例：安吉白茶产业大脑应用

浙江省安吉县依托其独特的白茶资源禀赋，由县农业农村局牵头，充分运用数字技术，构建了白茶产业大脑。针对安吉白茶消费者辨识难、市场秩序管控难、行业管理难、农资控量难等痛点、难点问题，白茶产业大脑利用区块链、数字孪生等前沿技术手段，对白茶全产业链的原料供应、生产制造、品牌流通、终端消费等环节进行精细化的过程数据采集和监管，有效激活了数据要素潜力，实现了对茶农主体、土地种植、气候环境、茶品交易等关键节点的精准化管理，全面提高了白茶产业的透明度和可控性，也极大提升了政府对白茶全链路和全生命周期的监测与治理能力。产业大脑建设三年以来，白茶品牌影响力和产业效益获得显著提升，茶农增收9000元以上，成为名副其实的富民产业，相关建设成效获得多项国家和省级表彰。

2. 交通治理案例：浙运安

作为我国道路运输业的重要省份，浙江省近年来省内外的危险化学品运输车辆日渐增多，平均每天约有1.6万辆在省内运行，这给道路运输安全带来了严峻挑战。为此，针对驾驶员超速、疲劳驾驶等违规行为多发、行业监管长期不闭环以及跨部门协同不足等突出问题，浙江省交通运输厅依托大数据、物联网、区块链等数字技术，创新推出了“浙运安”智能监管平台。该平台通过构建“人车企路”四位一体的精准闭环监管体系，实现了对驾驶员、车辆、企业的全过程管控，并实现了与公安、消防、环保等部门的信息共享和业务联动，全面提高了行业治理效能。自2021年上线以来，“浙运安”平台在消除各类安全隐患、降低事故发生率等方面发挥了重要作用，车辆超速次数较上年下降95%，相关事故数和死亡人数大幅下降，行业安全保障水平得到显著提升。

资料来源：数字浙江-数字化案例研究平台．安吉白茶产业大脑应用[EB/OL].(2024-02-01)[2024-03-01].https://www.dtzhejiang.com/#/caseSimplified?id=40.

（二）支持科学决策

从政府视角切入，数字化建设的重要使命愿景就是要通过数据支撑让政府实现科学决策。过去政府决策多依赖定性分析和经验判断，这难以适应现代政府治理精细化、专业化、精准化的要求。数字化建设为政府科学决策提供了新的思路，政府部门可利用数字技术，采集丰富完备的决策数据，建立数据驱动的决策机制，将决策过程量化，使组织决策实现从定性分析向基于数据的科学决策转变。此外，强化数据治理也是支持政府部门科学决策的关键。一方面，要加快统筹省市县跨部门数据资源，构建统一标准的数据资源目录，加强数据的交叉校验和质量监控，确保决策数据真实可靠。另一方面，建立开放共享机制，通过系统访问接口将数据及时灵活地提供给决策主体，保障决策数据的可得性。此外，要创新数据应用，深度融合数据分析、人工智能、算法模型等，建立动态更新的决策知识库，使复杂决策过程得到精准支持。

专栏 1-2

政府数字化建设支撑科学决策的案例

1. 数据支撑科学决策案例：“有效投资 e 本账”后评价应用场景

嵊泗县构建“有效投资 e 本账”后评价应用场景，致力于提供更丰富精准的项目数据，支撑政府对已建项目和后续项目的科学决策。该应用场景通过数字化引入项目全流程数据，建立项目变更的数据标准，实现了项目过程监管和结果评价的定量化。丰富完备的项目数据，使评价结果更具说服力，评价建议也更有针对性，将高效支撑政府后续项目的投资决策制定。总体而言，“有效投资 e 本账”应用场景增强了项目数据的决策支撑力，使政府决策实现从定性分析向基于数据的科学决策转变，实现了数据赋能政府决策，其理念和实践值得推广。

2. 强化数据治理案例：浙江省一体化数字资源系统（IRS）

IRS 是贯彻数字政府建设愿景的重要举措，专注于加强数据治理，提供更加丰富、准确、及时的政务决策依据。长期以来，政府数据以部门为单位分散管理，存在“信息孤岛”、标准不统一等问题，无法形成数据决策资源池。政府从顶层设计出发，打造 IRS 系统，全面统一数据标准，构建省市县三级数据目录与模型，有效整合政务数据资源。同时，通过精简数据开放流程，实现政务数据的秒级授权，极大地增强了政务数据的可得性。丰富准确的政务数据将更好地激发算法模型和业务创新的潜能，支撑政府进行科学决策。总体而言，IRS 构建了政府数字化建设所需的数据治理体系，使政府各部门决策时更加智慧协同、科学高效。

资料来源：数字浙江-数字化案例研究平台．有效投资 e 本账后评价应用场景 [EB/OL].(2024-02-01)[2024-03-01].https://www.dtzhejiang.com/#/caseSimplified?id=36.

（三）推动自我变革

推动自我变革是政府数字化建设的内在属性，也是重要的使命愿景。随着数字化进程的逐步推进，越来越多的公共服务需求被提出，传统政府治理方式面临公共服务供给与需求错配的困境。政府数字化转型建设就是要利用数字技术推进流程再造、组织重构、机制创新，实现政府治理方式的根本性变革。为应对这一挑战，2023 年我国设立了国家数据局以统筹规划政府数据目录和模型建设，制定数据标准、构建政府数据支撑体系。这标志着我国政府治理体系发生了重大变革，必将推动政府治理实现从经验依赖向数据驱动的转变。

（四）增强民主回应

增强民主回应是政府数字化建设的另一重要愿景。首先，政府数字化建设可以极大地拓宽公民参与渠道，实现政府治理的开放共享。通过移动互联网、社交媒体等新兴数字技术，公众可以进一步参与政策制定、重大项目评议、公共服务供给等过程，政府也可以及时获取公众需求，形成良性互动。其次，政府数字化建设可以增强政务信息公开透明度，提高政府决策解释性。基于大数据和云计算等技术，政府可以主动公开更加翔实的政务信息，并利用数据可视化等手段，向公众详细解释复杂决策的依据和过程，减少信息不对称。最后，政府数字化建设可以极大提高政务服务的响应速度和质量，增强公众获得感。通过推进政务服务“数据一体化”和“流程一体化”，政府可以实现问题全程跟踪、限时办结，有效解决群众“最后一公里”问题。

三、企业的数字化愿景

企业在开展数字化转型之前，需要有清晰的转型愿景和明确量化的目标，这是数字化转型成功的关键要素之一。数字化转型应当建立在前瞻性的愿景基础上，驱动企业深思熟虑其长期业务战略，并探究如何借助数字化力量以达成企业的长远战略蓝图。在构思数字化转型愿景之际，企业需确保其与现有业务战略相契合，深入了解并明确客户的核心需求，紧跟行业发展趋势，严谨对比分析自身与行业领导者之间的能力差距。同时，企业也要敏锐捕捉数字技术在所属行业内及企业内部的应用潜能和发展机遇

以华为数字化转型为例，其数字化愿景是把数字世界带入华为，实现与客户做生意简单高效，内部运营敏捷，突出ROADS体验[1]，逐渐成为行业标杆，具体包含两点：一是以ROADS体验为驱动和牵引，面向客户、员工、供应商等用户提升体验。二是实现“大平台支撑精英作战”，在提升平台能力和服务水平的同时，构建一线数字化作战能力[2]。

❶ ROADS体验指的是实时（Real-time），按需定制（On-demand），全在线（All-online），自助（DIY），社交（Social），代表快速响应用户需求，让用户按照自己的需求定制服务，用户可以在线进行业务操作，可以自助服务，可以协同交流社交分享。

❷ 华为公司企业架构与变革管理部. 华为数字化转型之道[M]. 北京：机械工业出版社，2022.

第三节

如何制定数字化目标

在确定数字化使命愿景后，明确制定数字化目标的重要意义在于，可为中短时期的数字化建设提供阶段性任务要求和具体实施路径，从而使组织能够分步骤、有计划地推动数字化进程的演进。数字化目标的设立意味着组织对自身实际情况有着清晰的认识，并具备长远的战略眼光。只有深入分析自身能力与不足，结合时空环境设定合适的发展目标，组织才能在数字浪潮中占据有利位置。

一、因时制宜

在不同数字化阶段，组织数字化建设的关注点有极大差异，这是由各阶段关键目标和技术要素所决定的。由于学术界对政府数字化转型历程的阶段划分还未能形成统一标准，诸多研究者利用电子政务成熟度模型对政府数字化转型阶段进行了划分，诸如 Layne 和 Lee 的四阶段模型、Moon 的五阶段模型、Accenture 的六阶段模型等[1]。与此

[1] 饶守艳. 智慧政务提升政务效能的理论与实践[J]. 技术经济与管理研究，2016（5）：89-93.

同时，也有部分学者提出，过于细致的阶段划分对于数字政府实践的指导意义有限。这部分学者将电子政务成熟度阶段在实践中仅区分为低成熟度和高成熟度两个阶段：低成熟度阶段包括呈现阶段和同化阶段，高成熟度阶段包括改革、变形和电子政务阶段。囿于当时数字技术的发展阶段，过往关于数字化成熟度的讨论大多不关注新技术的引入。实际上，物联网、5G、云计算等新技术都导致数字化建设的广度和深度发生了质变。

基础信息化阶段与既往研究中的低成熟度阶段相对应，包括数字化技术在组织中呈现，并且同化为组织流程的一部分。此时的组织主要关注基础通信技术和数字技术建设，以及通过技术提供产品和服务。这一阶段数字政府建设目标重在协调整体规划避免局部最优、兼顾多方利益相关者需求和降低技术使用成本，提出技术选项的建设优先级排序，保证基础信息化功能的实现以及更广泛的用户使用。

应用数字化阶段与既往研究中的高成熟度阶段相对应，包括业务流程变革、组织架构变形和全面数字化三个子阶段。此时组织主要关注以用户需求为中心的产品服务改革。这一阶段数字政府建设目标重在改变不关注公民需求的旧政府流程，推动政府业务流程和组织架构进行适应性改革。其中，业务流程变革应当将重点放在后台业务流程变革，保证技术和业务流程的协调。此外，由于该阶段涉及政府机构中办公工具、工作方法、组织架构等根本性要素的转变，高层支持对长期的数字化建设更为关键，这既是对数字化转型活动合法性的背书，也是顺利推进的保障。

全面智能化阶段是随着大数据、云计算等数字技术的发展，组织能够实现数据驱动的智能化。这一阶段，组织得以实现基于数据驱动的智能化运营。同时，组织在数字化领域的重心通常集中在构建稳健的数据基础设施及开发多元化数据应用上。与此同时，在政府数字化转型进程中，关键目标在于通过搭建全面的数据流程管理体系来奠定智能化服务的基础，并依照组织的具体需求，设计并实施具有战略高度的顶层智能化应用方案。

二、因财制宜

（一）财政资源

财政资源是支撑数字化建设的重要组成部分，对制定和落实数字化建设目标具有决定性作用。研究表明，组织开展创新性数字化项目所需要的经济资源直接影响项目的实施效果。我们在分析数字化失败案例时发现，项目中存在的基础设施缺乏、专业技能人才短缺等问题，其根本原因在于经济资源的限制。因此，在制定数字化蓝图和路线图时，政府部门必须全面考虑各种影响财政资源使用效率的因素，要在满足基本民生需求或者企业稳定持续运营的前提下，合理配置有限资源，优先投入造福广大公民或高价值回报的数字化项目。

在财政资源有限的情况下，政府或者企业可以通过整合利用现有资源、加强内外部合作等途径推进数字化进程，基于已有的数字化基础设施或应用场景，谋划新的服务功能。采用政府、社会资本合作等模式强化政府部门与社会力量的协同也是一个可行的路径选择。总之，无论是政府还是企业在制定数字化目标时，必须充分考量财政资源的现实约束，设置切实可行的实施路径。

（二）人力资源

基于数字化建设的需求，政府或者企业均需要持续引入和培养工程技术型人才、公共服务型人才以及数字治理研究型人才。对这部分人员，组织应当创设与新技术对人才能力要求相匹配的新岗位，并设计系统的职业成长路径，以吸引和培育专业化人才队伍。首先，早期数字化建设就面临着专业数字化人才和对技术感兴趣员工的短缺等问题。随着大数据、人工智能等新技术在政府以及企业等组织部门中的逐步应用，其对兼具前沿数字技术能力和实践经验的专业人才的需求更加迫切。此外，在基于数据的预测和决策中，公共部门的信息技术管理者还需掌握专业知识，以确保数据和技术得到合理、负责任的应用。其次，随着数字化建设的推进，公共部门急需一类特殊人才，即指导广大公民使用电子政务服务的专业人员。他们既需具备基本的数字技能，更需要有高度的公民服务意识。最后，政府急需引进或培养数据治理和技术治理方面的专业研究人才，为决策者在新技术运用初期提供咨询支撑。这部分人才的核心能力在于洞察数字化转型的整体影响，审视新技术应用可能出现的问题，并提出应对之策。总而言之，专业化的数字人才队伍是组织实施数字化转型、实现数字治理的重要基石。无论是政府还是企业组织必须根据战略需求，采取有力举措吸引和培养人才。

三、因地制宜

数字化目标的制定需要服务于区域发展目标和禀赋。每个地区在经济社会发展战略和资源禀赋上都存在差异，组织必须根据本地区的发展定位和优势，设置可以有效支持实现地方发展规划、充分利用区域资源的数字化指标，而不能按照统一的标准推进，也不能生搬硬套其他地区的成功模式。首先，不同区域的公众在对政府、企业等组织部门的信任和对数字化服务的接受程度上存在差异，这会直接影响数字化应用推广的效果。其次，部分地区存在一定的数字鸿沟，公众缺乏使用数字化系统的技能，这需要通过线下渠道保障公平性和提供培训来弥补。再次，各地在经济发展战略和政策取向上也不尽相同，数字化规划需基于地方实际定位。最后，不同政府部门或企业主体的组织模式和运作习惯也会对数字化应用带来制约。

专栏 1-3

政府数字化建设因地制宜的案例

"浙里惠渔"一站式渔民数字服务应用项目

"浙里惠渔"一站式渔民数字服务应用项目深入贯彻落实了浙江

省的海洋经济发展规划，服务于本地区的海洋经济战略定位和产业发展目标。该项目聚焦本地渔民的实际需求，如减轻资金周转压力、提高办事效率、保障作业安全等，能够切实解决区域特有产业的经济发展问题，帮助本区域相关产业从业人员增收。具体而言，该项目利用“卫星＋互联网＋大数据＋渔业”技术，集成全覆盖的“星上”渔业监管、全周期的“掌上”政务服务、全链条的“海上”商务服务、全领域的“岸上”后服拓展四大子场景，开发了适合本区域海洋渔业特点的数字化解决方案，实现了海陆信息畅通、全链路服务。

截至 2023 年 4 月，安全预警系统的准确率和及时率均达 90% 以上，渔船碰撞率降低 70% 以上。供应链金融服务累计完成贷款 936 笔，贷额 10.2 亿元，渔品贷利率下降 5% 以上，提升综合购销率 15%，降低渔船加油成本、渔获冷冻成本各 10%，保险产品价格再下降 5%。[1]

1 数字浙江.“浙里惠渔”一站式渔民数字服务应用项目[EB/OL].（2024-02-01）[2024-03-01].https://www.dtzhejiang.com/#/caseSimplified?id=21.

第二章

搭建整体架构

顶层设计是数字化建设有序推进的关键，发挥着引领性作用。其中，整体架构作为顶层设计的重要组成部分，能够从全局视角统筹把握各类主体间的耦合性和协同性，推动数字技术与各领域的融合发展、协同发力。如何谋划好顶层设计体系，搭建起数字化整体架构成为数字化实践中的重点内容。本章聚焦数字化建设整体架构，从数字化建设的政策脉络、实践探索以及一般性框架三小节展开讨论。

第一节

数字化架构是怎样演进的

一、数字化建设的整体政策脉络

（一）信息化阶段

随着计算机技术和互联网蓬勃发展，我国顺势推进信息化建设。20 世纪 80 年代中期，我国制定了国民经济信息化的战略决策，并率先在经济、金融等领域推进国家级信息系统建设，以提升政府行政效率。1987 年，国家经济信息中心成立，随后各部委信息中心相继成立，初步完成政府信息化建设的组织结构，并实现从多源、零散的“办公自动化”向标准、规范的“统一作战”的转型发展。1999 年，我国接入国际互联网，启动“政府上网工程”，标志着政府网络时代的到来。2000 年，国务院明确提出建设“三网一库”工程，促进政府内部信息共享和政民互动。2001 年，国务院信息化工作办公室成立，政府网站建设逐步覆盖到乡镇，并向公众开放政府部门信息。其中，以数字福州为代表的数字化建设模式开始兴起，政府服务网络和信息化业务系统也应运而生。

这一阶段，数字化建设以政府为中心，围绕政府办公自动化和电子业务系统开展政府内部“自上而下”的转型发展，提升政府行政效能。信息技术主要作为办公工具和交流媒介，未触及政府治理的根本，对社会公众需求的回应有限，因此被称为“信息化阶段”。

（二）数字化阶段

为解决各自为政、重复建设、统筹协调程度不高等问题。我国开始从顶层设计角度整体谋划政府数字化建设方案和战略规划。2002 年中共中央办公厅、国务院办公厅首次联合转发《国家信息化领导小组关于我国电子政务建设指导意见》，明确电子政务建设这一工作重点，并提出将“两网四库十二金”建设作为“十五”期间的主要任务。2006 年 1 月，中央人民政府门户网站正式开通运行，同年 3 月国务院发布《国家电子政务总体框架》，明确提出国家电子政务总体框架由服务与应用系统、信息资源、基础设施、电子政务法律法规体系与标准化体系、电子政务管理体制五部分构成。

2007 年国家政务外网的中央级平台基本建成，为进一步满足公共服务、社会管理、市场监管等需求，我国随后又颁布了《中华人民共和国政府信息公开条例》《国家“十二五”电子政务规划》等一系列政策文件，加快推动服务型政府建设。同时，在建设过程中，越来越多的公共数据、企业数据、个人数据产生，数据资源成为一种新型国家基础性战略资源被逐步重视。2014 年“大数据”首次被写入政府工作报告中，大数据对经济社会发展的推动作用得到肯定。中共十八届五中全会也明确提出“实施国家大数据战略，推进数据资源开放共享”，至此，大数据上升到了国家战略高度。此外，“互联网＋政务服务”“新型智慧城市”等也逐步在全国试点建设。

在此期间，数字化建设发展成政府主导下的信息开放共享、政民互动沟通的过程，大数据作为一种新的生产工具逐渐被用来推动行政体制改革和服务型政府建设，但数据价值还未得到充分释放。为此，我们将这一阶段数字化建设历程称为“数字化阶段”。

（三）智能化阶段

随着大数据、区块链、人工智能等新技术的兴起与应用，我国数字化建设开始向智能化方向迈进。2017 年，习近平总书记在论述大数据国家战略中明确提出，要加快建设数字中国，构建以数据为关键要素的数字经济，运用大数据提升国家治理现代化水平。“数字中国”还被写入党的十九大报告中，并从国家顶层设计层面进一步定义了“数字化”概念。同时，国务院印发了《新一代人工智能发展规划》，明确提出发展智能经济，建设智能社会。2019 年我国出台了《坚持和完善中国特色社会主义制度推进国家治理体系和治理能力现代化若干重大问题的决定》文件，明确指出“推进数字政府建设，加强数据有序共享”，数字政府概念被正式写入国家文件当中。随后，以智能化、一体化、便利化的服务新模式不断涌现，全国政务服务一体化平台正式上线运行，政务大数据融合开放共享取得重大突破，数据资源红利不断向政府、行业、社会释放。

为统筹有序推进全国数字政府建设，我国围绕“互联网＋政务服务”、大数据、云计算等内容出台了《国家电子政务标准体系建设指南》《中华人民共和国数据安全法（草案）》《关于加强数字政府建设的指导意见》《数据二十条》等一系列政策文件，以期建立统一的数字化、智能化标准体系，加快促进数据资源的融合利用。2023 年 2 月中共中央、国务院正式印发《数字中国建设整体布局规划》，提出数字中国“2522”整体架构。2023 年中共中央、国务院印发《党和国家机构改革方案》，明确要建立国家数据局，统筹数据资源整合共享和开发利用，统筹推进数字中国、数字经济、数字社会规划和建设等。至此，数字政府阶段已基本完成顶层设计的统筹谋划和组织机构的阶段变革。

这一阶段，我国数字化以多元参与为主导，鼓励社会公众、企业主体等参与建设，同时强调数据资源、人工智能技术等在这一过程中的突出地位和关键作用，使电子政务从数字化、信息化向智能化转变。在此期间，数据资源已经逐步应用到了智能场景建设、数据产品开发等方面。为此，我们将这一阶段数字化建设历程称为“智能化阶段”。

二、数字化总体架构的里程碑事件

数字化建设是一个循序渐进、不断深入发展的过程。做好顶层设计，搭建起总体架构是至关重要的第一步。目前，我国的数字化建设已经逐步从早期探索、试点实践逐步向全面加速发展，在这一过程中，数字化总体架构也逐步形成，其中不乏有一些变革性实践和标志性成果。本节围绕数字化建设演变的时间脉络，归纳总结了部分具有代表性的数字化总体架构，并对其特征进行阐述。

（一）电子政务建设总体架构

我国早期的数字化关注重点在基础设施的信息化建设，而基础设施仅仅是数字化中的底层支撑，缺少从整体视角出发的顶层设计，未能形成系统性的总体架构。一直到电子政务建设阶段，我国制定出台了《国家电子政务总体框架》，提出了国家电子政务总体框架的要求、目标以及具体组成部分。框架包括服务与应用系统、信息资源、基础设施、电子政务法律法规体系与标准化体系、电子政务管理体制等五部分（图 2-1）[1]，这一框架在一段时期内具有稳定性和导向性作用。

服务与应用系统。这是政府内部间以及政府与社会公众间实现双向互动的重要载体，围绕优先支持的业务以及公众需求，通过统筹规划政府内部的各类新建应用系统、完善已建应用系统，进而可以实现政府业务流程、组织结构的精简优化，同时可以将政务服务延伸到街道乡镇每一个角落，惠及全社会。

信息资源。信息资源的采集、更新、公开、共享始终是电子政务建设中的关键抓手，如何将信息资源充分利用起来赋能政府治理和服务是破题关键。

基础设施。这是支撑应用场景建设以及信息资源开发利用的重要

[1] 中国电子政务网. 各国电子政务顶层设计与战略规划[EB/OL].（2017-11-17）[2024-01-09].www.e-gov.org.cn/article-165154.html

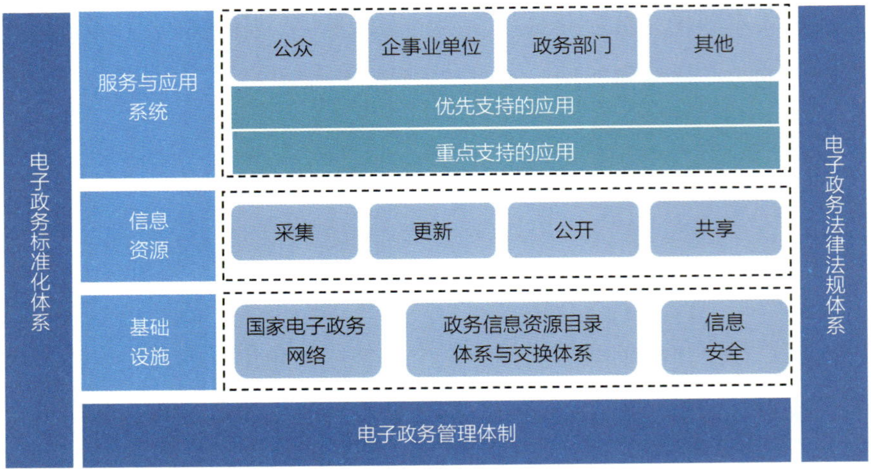

图 2-1　电子政务建设总体架构

资料来源：根据《国家电子政务总体框架》整理。

基础，需要从顶层设计角度切入统筹谋划布局，以防出现盲目投资、重复建设、资源浪费等问题。早期基础设施建设特指国家电子政务网络、政务信息资源目录体系与交换体系、信息安全基础设施三部分，主要为上层数字化建设提供支撑底座。

电子政务法律法规体系与标准化体系。一方面需要从立法角度确保信息资源、基础设施、服务与应用系统等方面建设的合规性，另一方面需要对标国家战略要求，形成覆盖总体标准、应用标准、应用支撑标准、信息安全标准、网络基础设施标准、管理标准等内容的电子政务标准化体系，以规范各地区政府和各部门数字化建设。

电子政务管理体制。这是促进政府各部门积极加入数字化建设的重要保障措施，是实现跨区域、跨部门、跨层级业务协同的关键所在。

总体来说，电子政务建设总体架构的重心体现在三个方面：一是推动基础设施的统筹布局建设和全面覆盖，二是实现信息资源在政府内部以及政府与社会间的开发利用，三是初步形成线上线下一体化的服务应用场景。电子政务总体架构依旧遵循以公众服务为核心的建设宗旨，通过信息化、数字化的技术工具重塑政府部门业务流程，进一步推动各类服务应用场景的深化建设，提升政府治理和公共服务效能。

（二）新型智慧城市建设总体架构

数字化建设过程中也会涌现出一些新的概念。2016 年习近平总书记在网络安全和信息化工作座谈会上提出了“新型智慧城市”概念，随后，国家发改委、中央网络安全和信息化委员办公室等多个部委联合成立了新型智慧城市建设部际协调工作组，着力推进新型智慧城市统筹规划、协同建设等工作。新型智慧城市是继数字城市、智慧城市建设之后的升级版本，是适应新型城镇化建设，提升城市治理能力现代化水平的必然选择，其重点突出创新技术在城市发展中的引领作用，并更加关注智慧城市与信息化、数字化、现代化等方面的融合渗透。

我国在“十三五”期间就开始了智慧城市“试点”建设工作，但是由于建设初期缺乏系统性的顶层设计方案，各地区在建设过程中可能存在重点任务不清、新技术应用不深、外延范围不明等问题，使得部门间各自为政、业务系统林立、信息孤岛等现象依旧突出。为此，我国在 2018 年出台了《智慧城市顶层设计指南》（GB/T 36333—2018）国家标准，对智慧城市建设的总体框架进行了明确规定，从智慧应用、数据及服务融合、计算与存储、网络通信、物联感知、建设管理、安全保障、运维管理等多维角度对总体架构进行布局，具体包括业务架构、数据架构、应用架构、基础设施架构、安全体系架构、标准体系架构、产业体系架构等设计内容。

业务架构。一般需要从城市发展功能、政府职能、行业领域划分等多角度来明确设定各类业务提供方、业务服务对象、业务服务渠道等内容，其中可采用多层级结构来搭建业务框架。

数据架构。重点突出数据资源框架、数据服务以及数据治理等内容，形成安全可行的数据共享交换路径。

应用架构。首先要明确应用系统建设的目标、功能等内容，其次厘清已建与新建系统间的关系，识别可复用或共用的系统应用，最后要应用系统的接口关系。

基础设施架构。必须遵循“集约建设、资源共享、适度超前”原则，摸清现有基础设施中可复用或共用的资源，围绕物联感知、网络通信、计算与存储、数据与服务四类基础设施，明确需要新建或者改建的内容。

安全体系架构。需要从规则设定、技术保障、组织管理等方面综合设计安全体系架构。

标准体系架构。需要在国家现行标准体系基础上开展本地区标准体系规划与设计工作，进一步巩固智慧城市建设的实践经验。

产业体系架构。需要结合本地区的特色产业优势，提出未来重点发力的行业领域。

为具体了解新型智慧城市建设的总体架构情况，本节以深圳市新型智慧城市建设为例展开探讨，其总体架构主要包括基础设施层、平台层、应用层、网络和信息安全保障体系、政策及标准规范体系等模块，大致可定义为“三横两纵”，具体架构图如下（图 2-2）[1]。最底层为集云网端边于一体的基础支撑层，即涵盖全面感知网、通信网络和计算存储资源的集约化智慧城市支撑体系，能够为城市治理提供计算、存储、网络、物联感知等资源服务。该架构的中间层为平台中心层，包括城市大数据中心和智慧城市运行管理中心，分别承担智慧城市大脑和中枢的角色，可以为智慧城市运行管理提供信息共享和业务协同能力。该架构的最顶层为应用层，涉及公共服务、公共安全、城市治理以及智慧产业四大领域的应用场景建设，这些应用场景与智慧城市运行

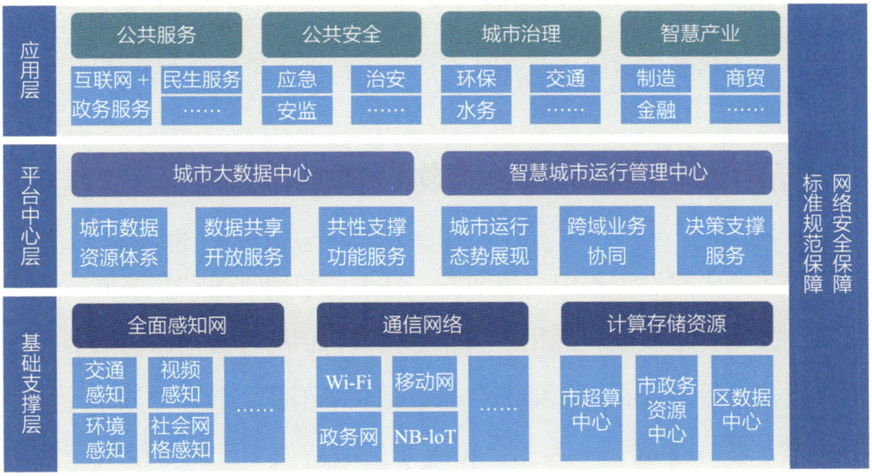

图 2-2　深圳市新型智慧城市总体架构

资料来源：根据《深圳市新型智慧城市建设总体方案》整理。

[1] 深圳市人民政府. 深圳市人民政府关于印发新型智慧城市建设总体方案的通知[EB/OL].（2019-06-14）[2024-1-25].https://www.sz.gov.cn/szzsj/gkmlpt/content/7/7039/post_7039277.html#19244.

管理中心协同，可实现市区、部门、军地等多方实时联动。此外，该架构两侧还建立了标准规范保障体系和网络安全保障体系，以此来指导全市统筹规划城市治理的重点内容、技术标准、评价指标等。

无论是电子政务建设还是新型智慧城市建设，其底层建设逻辑基本一致，即希望借助数字技术打通各部门间的信息数据壁垒，推动实现多部门多主体间的协调互动，形成一批可服务于全社会的数字化应用场景，进而提升管理效能和服务满意度水平。但两者也存在明显的异质性，从发展规模来看，电子政务建设是政府治理和服务领域的信息化发展，新型智慧城市建设则立足于全方位视角，涉及各行业各领域中的数字化转型发展。从技术应用层面来看，早期电子政务建设强调信息技术应用于政府流程再造、业务协同等方面；新型智慧城市建设则更突出人工智能、大数据等新一代数字技术在城市治理上的创新与应用。

（三）全国一体化在线政务服务平台建设总体架构

在数字化建设进程中，各地方、各部门切实推进“互联网 + 政务服务”改革，不断创新优化政务服务模式，但各地方的政务服务平台是分散建设管理的，因此依旧存在数据共享不畅、业务协同不足、事项标准不统一等问题。为此，2018 年国务院发布《国务院关于加快推进全国一体化在线政务服务平台建设的指导意见》（以下简称《意见》），明确提出建设全国一体化在线政务服务平台，推进各地区各部门政务服务平台规范化、标准化、集约化建设和互联互通，形成全国政务服务“一张网”。

《意见》对全国一体化在线政务服务平台的总体架构进行了明确规定，包括国家政务服务平台、国务院有关部门政务服务平台（业务办理系统）以及各地区政务服务平台等。其中，国家政务服务平台为总枢纽，可联通各省及国务院相关部门政务服务平台，同时以国家政务服务平台为总门户，为社会主体提供一体化服务。国务院有关部门政务服务平台（业务办理系统）基于国家政务服务平台的公共支撑系统，一方面可以统筹利用政务服务资源来处理本部门业务事项，另一方面可实现跨区域、跨部门、跨层级的互联互通、数据共享、业务协同等。各地区政务服务平台一方面需要按照省市县乡村五级贯通原则建设，综合集成本地区各类办事服务平台，为企业、公众等社会主体提供一站式服务；另一方面要向上联通国家政务服务平台，为跨地区、跨部门、跨层级的政务服务提供便捷通道。

2021 年，《国务院办公厅关于印发全国一体化政务服务平台移动端建设指南的通知》中指出，全国一体化在线政务服务平台（移动端）的总体架构包括基础支撑层、应用管理层、服务提供层、制度和标准体系、安全和运维保障体系五部分[1]。

基础支撑层。主要为政务服务平台移动端提供国家电子政务外网、政务云平台等基础设施，数据资源服务、大数据分析等数据支撑，统一身份认证、统一证照共享、统一电子印章等公共支撑以及事项管理、“好差评”管理、用户体验监测等业务支撑。

[1] 国务院办公厅. 国务院办公厅关于印发全国一体化政务服务平台移动端建设指南的通知 [EB/OL].（2021-11-12）[2024-01-29]. https://www.gov.cn/zhengce/content/2021-11/12/content_5650485.htm.

应用管理层。通过部署移动政务服务应用管理系统，提供用户管理、服务应用接入管理、服务发布管理、运维管理等功能，实现对移动政务服务应用的规范管理和运行监测。

服务提供层。通过移动互联网应用程序（APP）、小程序等服务渠道，按照统一标准，面向企业和群众提供政务服务事项咨询、办理、查询、评价等服务。

此外，**制度和标准体系、安全和运维保障体系**贯通服务提供层、应用管理层以及基础支撑层，保障整个系统架构的安全、高效运行。

与电子政务、新型智慧城市等总体架构相比，全国一体化在线政务服务平台则从更微观的视角切入，聚焦于政务服务的整合与统一这一条主线，着力推进政务服务“一网通办”，形成了更具可操作性和实践价值的总体架构。此外，这一架构在监管与考核方面也做了更为详细的要求，一方面要推动事中事后监管信息与政务服务的深度融合，提高对各类应用系统的监测预警能力，实现政务服务全过程留痕、全流程监管，另一方面要强化督促检查、评估考核等工作，推进“一套制度管理、一支队伍保障”。

（四）数字中国建设总体架构

2023年，中国中央、国务院发布《数字中国建设整体布局规划》，明确数字中国建设按照“2522”的整体框架进行布局，即全面夯实数字基础设施和数据资源体系两大基础，全方位一体化推进经济、政治、文化、社会、生态文明五位一体的深度融合发展，着力提升数字技术创新体系和数字安全屏障两大能力，持续优化国内公平规范的数字治理生态和开放共赢的数字领域国际合作格局等两大环境。纵览《数字中国建设整体布局规划》中的部署要求，数字中国建设的总体架构清晰明了（图 2-3）[1]。

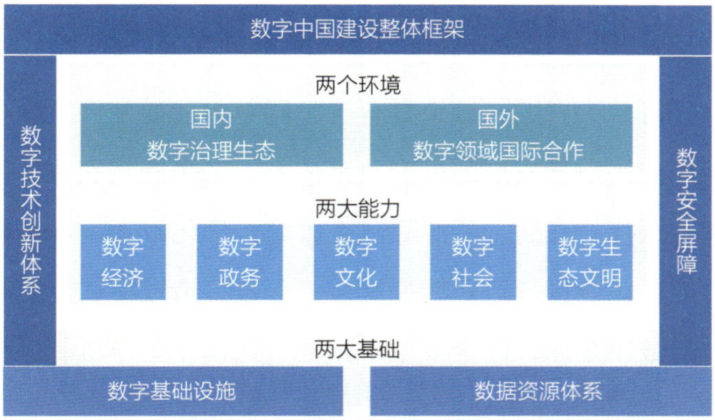

图 2-3　数字中国架构图

资料来源：根据中央网信网“一图读懂《数字中国建设整体布局规划》”整理。

数字基础设施与数据资源体系为最底层的基础支撑内容。与以往传统基础设施相比，数字基础设施不仅强调对原有物理基础设施的深度信息化、智能化改造，同时还突出在新型数字基础设施上的部署建设，如北斗系统的大规模应用、移动物联网的全面覆盖、算力基础设施的迭代升级和适度调整。而数据资源体系具备了数据汇聚、处理、流通、应用、运营、安全保障等多种能力，一方面有利于推动公共数据的高质量汇聚、开发、利用等，逐步形成公共卫生、科技、教育等

[1] 中国网信网. 一图读懂《数字中国建设整体布局规划》[EB/OL].（2023-02-28）[2024-01-31]. https://www.cac.gov.cn/2023-02/28/c-1679227156006490.htm.

重点领域数据资源库；另一方面还可以提升商业数据市场化配置效能，形成更多可交易的数据产品，推进数据资产化深入发展。

数字技术与经济、政治、文化、社会、生态文明五大领域的深度融合是数字中国建设的重要抓手。经济基础决定上层建筑，发展数字经济是数字化建设中的“关键一跃”。《数字中国建设整体布局规划》从三个方面对“如何做强做优做大数字经济”进行了界定：一是加快培育数字经济核心产业，打造具有国际竞争力的数字产业集群，逐步完善数字产业高质量发展的配套政策体系；二是围绕农业、工业、金融、教育、医疗、交通、能源等重点领域，深化数字技术与实体经济的融合力度，赋能传统产业转型升级；三是打造数字化发展生态，支持培育一批数字企业，健全大中小企业融通创新工作机制，积极发挥“绿灯”投资案例引导。

数字政府是数字中国建设中具有引领作用的核心枢纽。数字中国建设始终秉承着以数字为人民服务的宗旨，期望通过数字技术提升政府效能。《数字中国建设整体布局规划》从三个方面对打造高效协同的数字政务体系进行了布局：一是围绕政府管理，借助数字技术来实现部门间信息系统网络的互联互通、数据资源的按需开放共享以及业务流程的高效协同；二是围绕政府服务，以数字技术应用创新政务服务模式，拓宽政府服务办事渠道；三是建立与数字政务发展适配的制度规则体系，保障数字政务的高效协同发展。

围绕“打造自信繁荣的数字文化”，《数字中国建设整体布局规划》从网络文化、文化数字化、数字文化服务三个方面进行了明确：一是加快提升网络文化产品供给质量，引导平台、网络用户等创造积极健康、向上向善的网络文化内容；二是推动文化产业数字化发展，建设国家文化大数据体系，逐步形成中华文化数据库；三是围绕公众需求，提升公共文化服务数字化水平，打造更多综合性数字文化展示平台，加快发展新型文化企业、文化业态、文化消费模式。

加强数字社会建设成为进一步优化社会服务供给模式、创新社会治理方式、营造智慧化生活环境的重要抓手。《数字中国建设整体布局规划》从公共服务、社会治理、数字生活三个方面进行了明确：一是聚焦教育、健康、医疗等领域，大力推进数字公共服务普惠化建设；二是推进数字社会治理精准化，深入实施数字乡村发展行动，推动数字化赋能乡村产业、乡村建设和乡村治理发展；三是提升数字生活智能化水平，加快打造智慧便民生活圈，拓展新型数字消费业态，为社会主体提供面向未来的智能化沉浸式服务体验。

《数字中国建设整体布局规划》围绕生态环境智慧化治理提出了四点内容：一是构建智慧高效的生态环境信息化体系，二是运用数字技术推动山水林田湖草沙一体化保护和系统治理，三是完善自然资源三维立体“一张图”和国土空间基础信息平台，四是构建数字孪生流域为核心的智慧水利体系。

为了推进五位一体的统筹发展建设,《数字中国建设整体布局规划》还提出了强化“两大关键能力”建设，即数字技术创新能力和数字安全保障能力。此外，加快优化数字中国发展的建设环境势在必行，包括建设公平规范的数字治理生态和开放共赢的数字领域国际合作格局。

与以往数字化建设的顶层设计相比，数字中国建设总体架构从更高角度，全方位明确了我国经济、政治、文化、社会、生态文明等方方面面的数字化建设目标、内容和路径，同时充分考虑了对当前人工智能大模型、区块链技术等前沿科技领域的关注与探索，强调利用数字技术创新应用和发展提升全社会的运行效率以及国际竞争力。

第二节

至今有哪些典型架构

本节主要以广东、浙江为例，对这些地区数字化建设的整体架构进行梳理，归纳总结数字化整体架构的一般性特征。同时，以华为为代表的企业也将数字化转型作为公司变革的核心主题，本节也将介绍华为数字化转型的顶层架构设计。

一、政府数字化总体架构的地方探索

（一）广东数字化建设整体架构

广东数字化建设整体架构可以总结为“1+3+5+N”架构，“1”是指全省一体化的“数字政府”基础底座，即政务云、政务网等；“3”是指省市县三级“一网统管”基础平台，包括省级基础平台“粤治慧”和市县两级基础平台；“5”是指省、市、县（市/区）、镇（街）、村（社区）五级用户体系；“N”是指根据各级用户需求建设各类特色应用专题。详细来看，广东数字化建设整体架构可以从管理架构、业务架构以及技术架构三方面来阐述[1]。

在管理架构方面，广东数字化建设的管理架构重点围绕“管运分离”的建设运营模式开展，以省政务服务数据管理部门统筹管理和“数字政府”建设运营中心统一服务为核心内容。此外，广东在全国率先推行首席数据官（CDO）制度，并遴选六个省级政府部门、十个地市级政府部门同步开展试点。

业务架构主要包括管理能力应用和服务能力应用两部分，其中管理能力应用包含协同办公应用、经济调节应用、市场监管应用、社会治理应用、公共服务应用以及环境保护应用六个模块，服务能力应用包含政务服务应用、决策保障应用以及跨域协作应用三个模块，重点优化政务服务“一网通办”，推动省域治理“一网统管”，强化政府运行“一网协同”，实现“三网融合”。

在技术架构中，广东数字化建设的技术架构可归纳为“四横三纵”的分层架构模型（图 2-4），“四横”分别是业务应用层、应用支撑层、数据资源层、基础设施层，“三纵”分别是安全、标准和运行管理。基础设施层统一规划、统一标准、统一建设、统一运营，实现政务云资源集约、共享；建设全省统一的大数据中心，实现共性数据的汇聚、共享；建设省统一身份认证中心、可信电子证照系统、非税支付平台、社会信用公共平台等，为各种应用系统提供基础、公共的应用支撑平台，实现用户相通、证照相通、支付相通、信用数据共用。

---

[1] 广东省人民政府. 广东省人民政府关于印发广东省数字政府改革建设“十四五”规划的通知[EB/OL].（2021-07-14）[2024-02-01]. https://www.gd.gov.cn/zwgk/wjk/qbwj/yf/content/post_3344999.html.

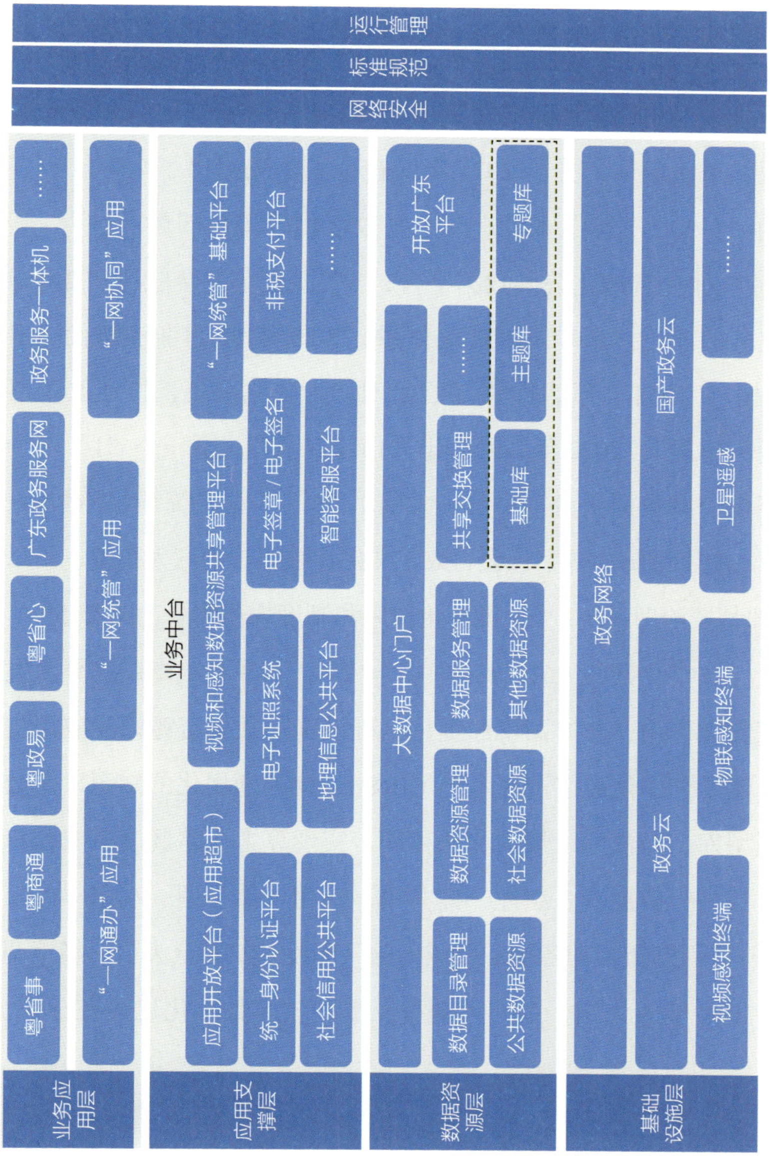

图 2-4 广东省数字政府技术架构图

资料来源：根据《广东省数字政府改革建设“十四五”规划》整理。

（二）浙江数字化建设整体架构

在数字中国加速推进的过程中，浙江无疑是数字中国的先行省份之一。浙江率先在政府管理方面实现了“最多跑一次”改革和政府数字化转型的重大创新，并于2021年又在全国率先提出了全方位数字化建设的“1+5+2”工作体系，搭建好数字化改革“四梁八柱”，其中“1”即一体化智能化公共数据平台；“5”即五个综合应用；“2”即数字化改革的理论体系和制度规范体系。2021年12月浙江迭代提出“1512架构”，增加“1”，即将基层治理作为独立系统，打通改革落地“最后一公里”。2022年2月提出“1612架构”，第一个“1”即一体化智能化公共数据平台（平台＋大脑），“6”即党建统领整体智治、数字政府、数字经济、数字社会、数字文化、数字法治六大系统，第二个“1”即基层治理系统，“2”即理论体系和制度规范体系（图2–5）。

在浙江数字化建设1612架构中，一体化智能化公共数据平台发挥着底座支撑作用，一方面不断优化基础设施、数据资源以及应用支撑能力，建设一体化数字资源系统（IRS），构建通用化的知识库、数据仓、模型库、算法库、规则和法律库，实现算力一体调度、安全一体监测、数据一体配置、组件一体共享、应用一体管理、端口一体集成[1]；另一方面创新推动各类“领域大脑”建设，如安全大脑、经济调节大脑、卫生健康大脑、空间大脑等，提升政府数字化建设在预测、

[1] 袁家军. 以习近平总书记重要论述为指引　全方位纵深推进数字化改革[N]. 学习时报，2022–05–18（1）.

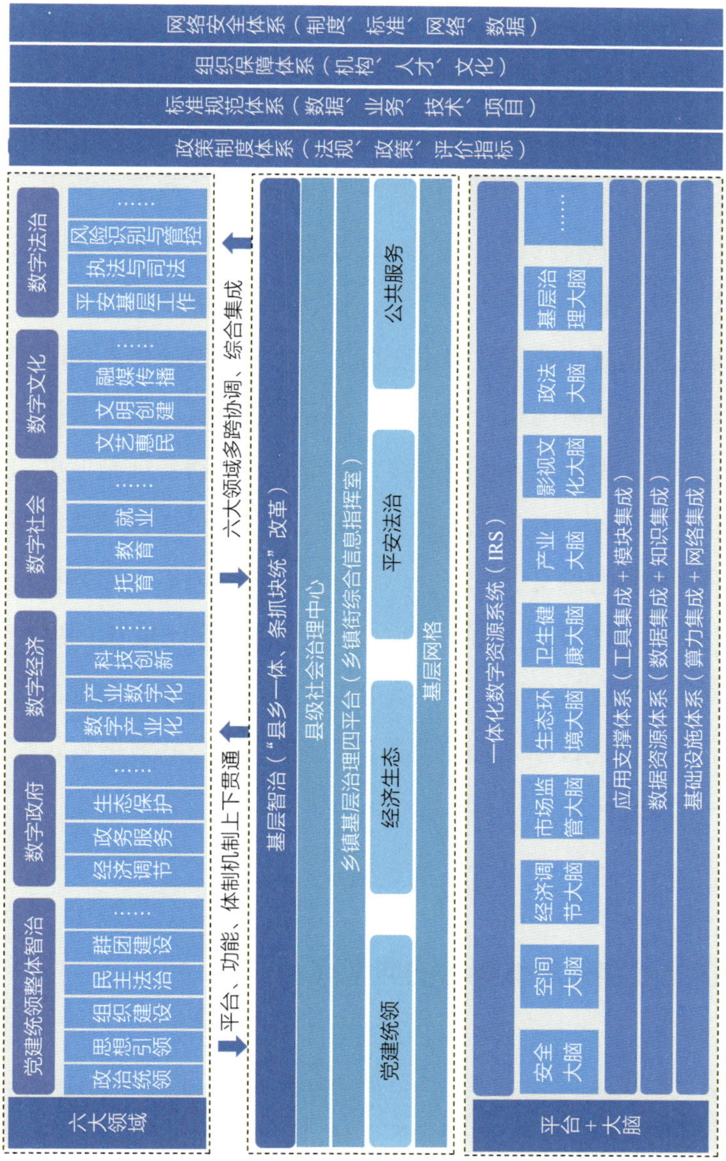

图 2-5 浙江全面深化改革“1612+N”体系架构图

资料来源：根据《“1612”！浙江省数字化改革最新解读来了！》整理.https://m.thepaper.cn/baijiahao_16962547.

预警、战略目标管理等方面的能力，进一步推动一体化智能化公共数据平台向更智慧化发展迭代。

六大领域系统叠加基层治理系统共同组成了政府数字化转型的主战场。其中在六大领域系统中，根据党中央和省委省政府的战略发展要求，设置了若干条跑道，如经济调节、生态保护、数字产业化、产业数字化、教育、平安基层工作等，在每条赛道下根据重大改革或重大应用建设要求，厘清目前迭代升级、启动实施、谋划推进的各类应用场景，加快实现核心业务数字化全覆盖。此外，理论体系和制度规范体系是实践成果的巩固和提炼升华。习近平总书记强调，要推进改革成果系统集成，做好成果梳理对接，从整体上推动各项制度更加成熟、更加定型。为此，浙江省在数字化实践过程中更加注重总结提炼具有一般规律和普遍意义的方法、思路、理念、手段等，形成了一系列改革教材、学术专著、理论文章、调研报告等理论成果，出台了《浙江省数字经济促进条例》《浙江省公共数据条例》等一批地方性法规，实施了《数字化改革术语定义》《数字化改革公共数据目录编制规范》等一批地方标准。

二、企业数字化总体架构的典型案例

企业数字化建设在当今时代已经成了企业发展的关键因素。数字化技术为企业带来了前所未有的机遇和挑战，使得企业能够更好地适应市场变化、提升自身竞争力并实现可持续发展。本部分以华为数字化转型之道为例，对企业数字化转型的关键特征进行解读。其中华为数字化转型建设重点围绕客户联接、一线作战平台、数字化能力、数字化运营以及云化 IT 平台展开（图 2-6）[1]。

首先，客户联接强调面向客户构建全联接的协同平台，围绕客户旅程开展 ROADS 体验设计。其次，打造一线作战平台，即构建以用户为中心的角色一站式平台，整合该角色在业务作业过程中的大部分操作，面向角色和场景进行功能汇聚，并将办公协同的功能融入业务作业过程中，重塑员工的作业模式和数字化体验。实现信息及时获取、作业实时感知、线下到线上的协同作战和在线指挥、平台资源调用等功能，从而达到领先于行业的业务效率和体验。再次，提升企业内部数字化能力水平，其核心是各业务领域都要沿着主业务流程，识别各业务领域平台和人员的业务能力并主动进行能力的数字化建设，然后将服务开放出来，为一线作战平台或客户联接平台提供核心支撑，快速响应业务需求。然后，建立数字化运营模式，可以实现数据同源和实时可视，减少汇报和管理层级，并且可以支撑一线实现战场感知、智能预警，让作战指挥更加高效。数字化运营与业务场景融合，并融入业务流程中，为业务提供单一数据源，对于海量、重复的确定性业务实现自动化，对异常状态实现及时告警，并充分运用智能分析提升决策水平。最后，打造云化 IT 平台，快速引入华为云的计算、存储、网络等 IT 基础设施服务，支撑内部业务应用上云。一方面提供面向场景的服务解决方案；另一方面针对业务的复杂性和多样

[1] 华为企业架构与变革管理部. 华为数字化转型之道[M]. 北京：机械工业出版社，2022.

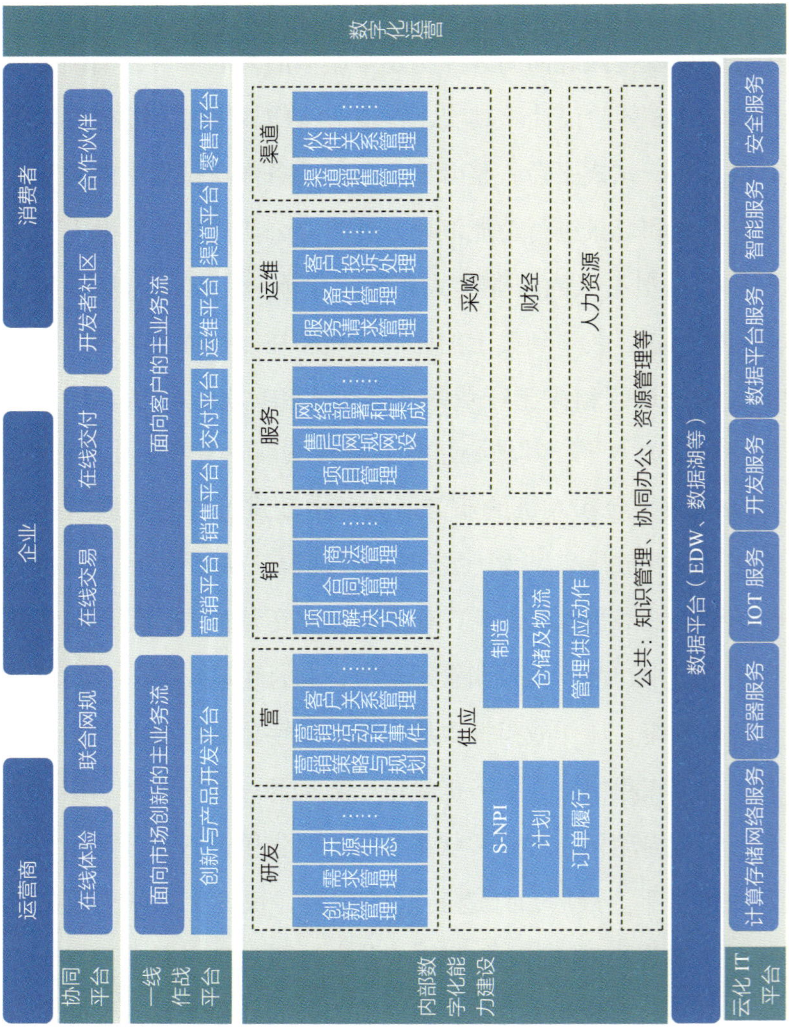

图 2-6 华为数字化转型架构蓝图

资料来源：华为企业架构与变革管理部．华为数字化转型之道 [M]. 北京：机械工业出版社，2022.

性，建立多云管理模式，满足全球业务快速扩展、资源弹性获取等诉求。同时还要强化安全保障建设，部署关键业务和数据，保障核心信息的安全。此外，打造 AI 使能平台，孵化 AI 算法和服务也是华为数字化转型建设的重要内容之一。

第三节 如何搭建一般性框架

在借鉴广东、浙江两地数字化建设先行经验的基础上，本节提出了数字化建设整体架构的基本思路以及技术路径，系统阐述数字化建设的具体内容与方法，以期为我国数字化建设的稳步推进提供有益借鉴和参考。

一、数字化建设架构的特征总结

通过梳理广东、浙江等地数字化建设实践，我们发现各省数字政府建设总体架构基本是“1+N”体系，即一个省级政务云平台，N 个行业平台。逐步完成一个省级政务平台与 N 个行业政务应用系统的对接融合，最终实现一个政务服务平台覆盖全行业，一个数据共享交换平台（数据库）贯通全流程，一张政务网连接全省所有业务系统。本节从基础支撑体系、数据资源体系、业务领域等层面总结区域数字化建设架构的特征。

- 基础支撑体系：全省政务“一朵云”、全省统一电子政务网、一个共性应用支撑平台。

● 数据资源体系：建设人口、法人、信用、经济、资源、证照基础信息资源库，统筹汇聚交通、医疗、卫生、就业、社保、地理、文化、教育、科技、农业、环境、安全、金融、统计、市场、气象等数据资源，通过数据共享交换平台融会贯通全省各类数据，满足各级各部门的数据需求，形成全省统一的数据资产。

● 业务领域：基本覆盖经济调节、社会治理、公共服务、政府运行、生态环境、市场监管六大领域。

总结对比不同地区数字化建设整体架构的异同点，归纳出数字化建设整体架构六大要素，即一张网、一朵云、一个大数据中心、一个共性应用支撑平台、一体化政务服务体系以及 N 个应用场景（图 2-7）。

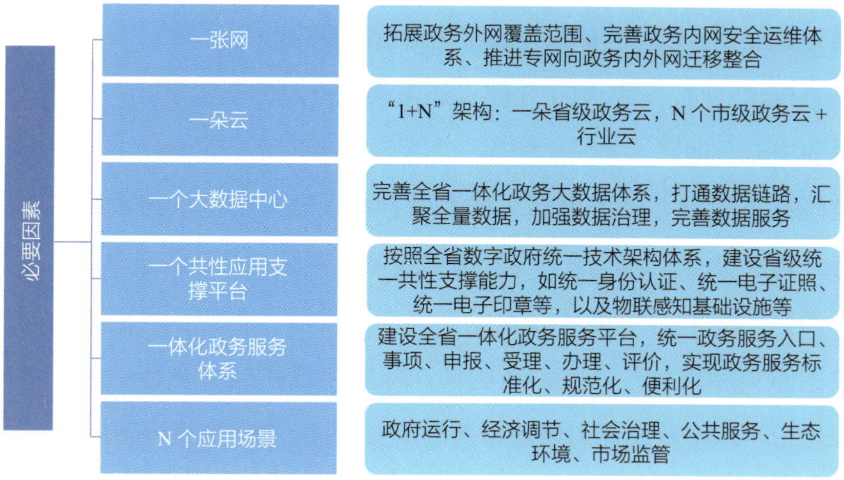

图 2-7　数字化建设架构必要因素

资料来源：根据公开资料整理。

二、数字化建设整体架构的技术路径

（一）基本思路

政府数字化建设的整体架构，基于智能集约的支撑平台，重塑业务流程、贯通数据流、优化政府服务管理流，通过“分层解耦、异构兼容”的模式，政企协同，引入系统总集，行业多方参与，助推数字经济发展[1]。在重塑业务流程环节中，要统筹重构一体化政务服务平台，建成入口统一、事项同构、流程精简、智能普惠的一体化政务服务平台。在贯通数据流程环节中，基于统一的数据标准、通过数据交换共享、汇聚全量数据，统一治理后形成统一的数据资源体系，赋能应用。在优化管理流程环节中，构建一体化安全运营中心，建成统一智慧运维平台以及一体构建数字化运营指挥中心。

与此同时，政府数字化建设还需遵循一定的基本原则：一是以人民为中心，即以“为民、便民、惠民”为导向；二是集约共享，即以实现数据融合、业务融合、技术融合，以及跨部门、跨系统、跨业务、跨层级、跨地域的协同管理和服务为目标；三是多元参与，即在开展数字政府顶层设计过程中充分考虑政府、企业、居民等不同角色的意见和建议；四是创新驱动，即要体现新技术在数字政府中的应用，将数字政府作为创新驱动的重要载体，推动统筹机制、管理机

[1] 亮见数字智慧城市. 一文详解数字政府建设怎么做[EB/OL].（2023-09-21）[2024-02-01]. https://zhuanlan.zhihu.com/p/648077076.

制、运营机制和信息技术创新；五是数据赋能，即充分发挥数据的基础资源作用，提高政府决策科学化水平。

（二）实施路径

数字化建设整体架构搭建可大致分三步走：首先，夯实数字政府基础设施体系，一网通办驱动，完善全省数字基座建设，建成全省政务大数据体系、统一共性应用支撑平台、一体化政务服务体系。其次，健全数字政府建设协调机制，不断夯实基础平台，集成各类业务应用，逐步向一网统管、一网协同扩展，推动数据汇聚初具规模，数据价值有效释放。最后，推动政府决策科学化、社会治理精准化、公共服务高效化取得重要进展，基本建成具有特色、全国一流的数字政府，成为推动经济高质量发展的强大引擎。

基于数字化建设的基本原则及具体时间路径，以深化“放管服”改革、优化营商环境为切入点，按照国家数字政府建设的指导意见，构建“上接国家，下连地方、纵向贯通、横向协同”统一的数字化整体框架，搭起数字化建设的“四梁八柱”，夯实基础设施、加强数据汇聚、共享共性能力、提升政务效能、扩展业务领域，初步形成包含组织管理、基础设施、数据治理、业务流程、应用支撑、运营管理、安全保障等内容的数字化建设整体架构（图 2-8）。

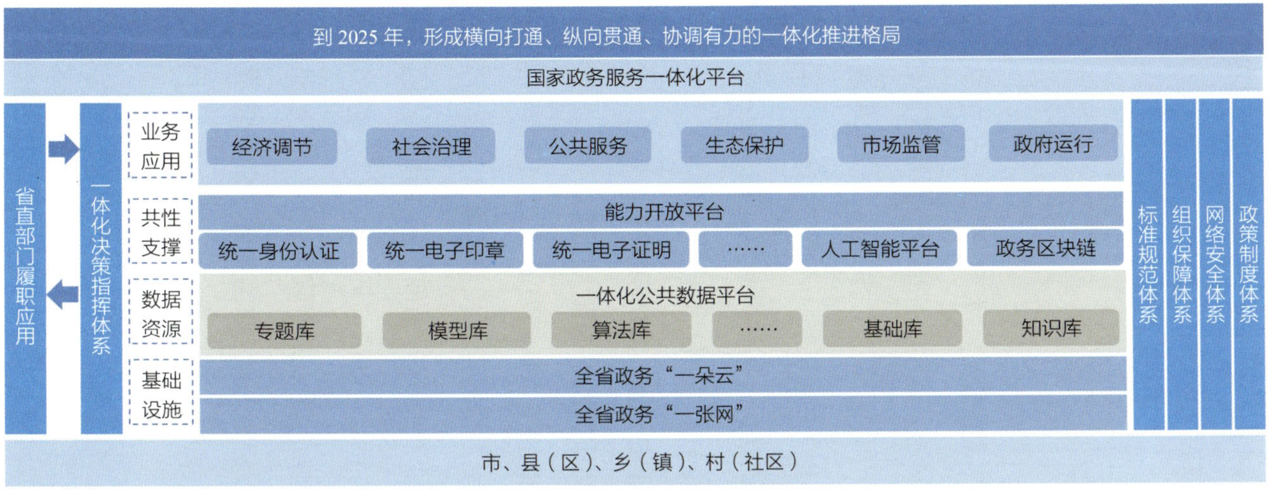

图 2-8　数字化建设整体架构图

资料来源：根据公开资料整理。

第三章

夯实基础设施

数字基础设施是政府和社会数字化转型的重要支撑。在各地数字化转型过程中，政务网络、政务云、终端感知系统等关键要素交织共生，形成了一个有机而完备的网络体系。这座数字基础设施的建筑充实了政府的数字化力量，为各级政府提供了高效的信息管理和服务交付机制。通过利用这一系列的数字基础设施，政府能够更加智慧地运营，实现数据的集约化管理、共享化利用，并在数字化治理中实现更高水平的创新和透明度。这个数字化基础设施的建设不仅仅是政府工作的现代化转型，更为社会提供更便捷、高效、智能的公共服务打造了坚实的支持体系[1,2]。

1. 华为技术有限公司，中国信息通信研究院. 数字政府云原生基础设施白皮书[EB/OL].（2022-07-01）[2024-03-01]. https://www.digitalelite.cn/h-nd-4746.html.
2. 云计算开源产业联盟，数字中国产业发展联盟. 数字政府新基建发展白皮书[EB/OL].（2020-08-14）[2024-03-21]. http://www.cbdio.com/BigData/2020-08/14/content_6159373.htm.

第一节

数字化需要哪些基础设施

一、政务网络

政务网络是数字政府运行的关键支撑力量，旨在通过信息技术手段提高政务运作效率、优化服务质量，并实现政务管理的现代化。在政务网络的总体架构中，网络层、管控层和运维层共同构建了一个高效、安全、可靠、先进的体系。无论是政务外网还是互联网区，除传统 IPv4 的网络支撑外，目前各地政府正在进行 IPv6 的升级改造，随着 5G 的逐渐商用落地，其必然会和 IPv6 进行深度融合。一是在网络层，城域网和广域网采用 IPv6+ 和 SRv6 技术，通过网络切片实现资源隔离，同时在安全方面构建集中安全资源池以确保政务部门的安全防护。5G 政务专网为移动业务提供泛在接入，结合零信任技术保障终端安全。部门局域网通过零信任终端安全管控体系，确保终端安全合规接入。二是管控层包括网络、安全、SDP[1] 控制器和安全态势感知平台，共同实现网络的集中管理、安全设备的协同防御和终端的零信任认证。三是运维层通过统一服务平台进行资源整合管理、态势感

[1] SDP：Software Defined Perimeter，软件定义边界。——编者注

知呈现，实现跨平台网络资源编排，为政务单位提供全面评价和网络升级决策的支持。政务网络的构建旨在提升政务服务能力，促进信息共享，强化网络安全，实现政务管理的智能化、便捷化和高效化，为数字政府的发展提供坚实的基础支持。

二、政务云平台

政务云平台在数字政府基础设施建设中扮演着关键角色，包含虚拟化云、容器云以及上层的云管平台，为政府提供了高效、灵活、安全的云计算基础设施。政务云的建设具有多重意义。首先，它能够杜绝重复建设，节约财政支出，通过充分整合基础资源，统一为政府部门提供资源、安全、运维和管理服务，提升基础设施利用率，降低运维成本，避免资源浪费。其次，政务云能够促进信息共享，实现业务协同。政府是信息的最大收集者和拥有者，通过政务云平台，政府各部门能够实现信息共享，通过平台内部信息引擎实现不同应用系统的信息整合、交换和共享，提高政务工作效率。政务云与公有云的主要区别在于二者数据中心的隔离程度，政务云通过独立的物理机房确保政务用户数据的安全，而公有云是由第三方提供商提供给用户使用的云服务，通常通过互联网进行。政务云的服务对象主要是各级政务部门，用于承载门户网站、政务业务应用系统和数据，实现公共服务、社会管理、数据共享与交换、业务协同和应急处置等政务应用。政务云的标准建设包括双区隔离和云网融合，确保政务云平台的安全性和可靠性。同时，一体化的安全防护体系围绕平台安全、租户安全和合规安全构建，包括云计算安全服务评估、网络等级安全保护、密评等方面，全面提升政务云的安全性。

三、终端感知系统

终端感知系统作为数字政府的重要组成部分，通过多种传感器实时监测城市、环境和基础设施状态，利用卫星遥感、无人机等技术进行对地观测，为政府服务职能转型提供了关键支持。其重要性在于推动数字经济持续发展，成为完善信息基础设施的核心推动力。在行业物联网建设方面，感知系统已成为热点，特别在智慧城市、智慧医疗、智慧水利等领域，通过感知和通信技术，协同完成对物理世界的信息感知、传输和处理。系统整体采用了统一的方案架构，形成了全程极简、全栈安全和全景智能等特征（图 3-1）。其中，关键技术如 IPv6、智能终端操作系统和工业标识解析体系等，被应用于简化入网流程、提高网络安全性，以及实现终端全生命周期管理和智能化服务。系统的设计和应用不仅要求高效的数据采集、传输和处理，还需要具备面向未来的智能、安全、可扩展等特性。在典型应用场景方面，物联感知系统在智慧城市领域采用了 2 拖 N 网算一体工业级感知环网，通过智能 IP 环网保护技术、边缘计算物联网关集群和分布式数据总线技术，实现了低成本、高可靠的灵活组网。此外，物联感知系统在智慧医疗和智慧水利等领域也发挥着关键作用，通过多层次的感知和智能化服务，提升了各行业的管理效率和服务质量。物联感知系统可以通过各种传感器（如温度传感器、湿度传感器、气体传感器等）实时监测城市、环境和基础设施的状态，快速采集相关数据。天空地监测涵盖了利用无人机、航空器等载体进行对地观测和数据采集的技术。这些观测数据可以用于环境监测、城市规划、土地利用、资源管理等多个领域。

图 3-1　物联感知系统的典型特征

第二节

如何建好用好云平台

一、云平台的重要性

“上云”操作是数字政府建设中不可或缺的一部分，尤其对于政府机构和企事业单位而言，传统机房或数据中心尽快“上云”具有十分重要的意义。

多年来，主要发达国家政府在国际上高度重视“政府上云”方面的探索和实践，并从国家层面强调对此的要求。美国早在 2011 年 2 月就发布了《联邦政府云战略》，明确提出了推动各部门向云平台迁移、加大云计算设施部署力度、制订行动计划等目标。英国则于 2012 年颁布了《政府数字化战略》，并在之后实施了《政府数字包容战略》，启动了“数字政府即平台”计划。这些举措使得英国政府在 2016 年联合国电子政务调查评估中获得了世界第一的成绩，并成为全球表现卓越的数字政府建设者之一。在实践中，云计算服务被视为构建通用共享平台的重要基础设施，以支持新一代政府数字服务的运行。发达国家的经验表明，政府有效应用云计算等最新技术已经成为扩大政府电子政务服务覆盖面、促进信息共享、降低建设成本的重要一步。

我国各级政府一直在政府服务信息化领域探索和落地实践云计算

的发展。国家层面也出台了一系列指导政策和行动计划。2015年1月，国务院发布了《关于促进云计算创新发展培育信息产业新业态的意见》，明确提出了“探索电子政务云计算发展新模式”的目标。2017年4月，工业和信息化部印发了《云计算发展三年行动计划（2017—2019年）》并明确指出“推进基于云计算的政务信息化建设模式，鼓励地方主管部门加大利用云计算服务的力度，应用云计算整合改造现有电子政务信息系统，提高政府运行效率”。同年12月，中央网信办、国家发展和改革委员会（以下简称“国家发改委”）等有关部门联合印发《关于开展国家电子政务综合试点的通知》，确定在北京市、上海市、江苏省、浙江省、福建省、广东省、陕西省、宁夏回族自治区开展国家电子政务综合试点，并支持试点地区利用云计算等技术，共建共享电子政务基础设施，实现计算资源、存储资源、服务支撑、安全保障等共性基础资源的集约共享。2019年7月，国家网信办、国家发改委、工信部、财政部联合发布了《云计算服务安全评估办法》，旨在提高“党政机关、关键信息基础设施运营者采购、使用云计算服务的安全可控水平”。

从技术上来看，首先，“上云”可以降低系统维护成本，提高效率。传统的IT架构需要大量的维护和升级，耗费了大量的时间和人力成本。云计算将这些任务集中在供应商端，避免了诸多烦琐工作的重复进行。此外，云计算还可以实现资源共享，提高IT资源利用率，进一步提高工作效率。其次，“上云”可以提高数据的安全性和稳定性。政府机构和企事业单位涉及的数据非常敏感，因此在数据安全和稳定性方面，云计算相比传统IT架构具备天然优势。云计算提供了更高的安全性保障，能够在硬件故障等问题发生时，快速恢复数据和系统。最后，“上云”可以提高应用程序的灵活性。政府机构和企事业单位拥有大量的应用程序，这些程序需要不断升级和更新，以适应日益变化的业务需求。而云计算支持灵活扩展和缩放，可以更好地满足业务的实际需求。

为了推动数字政府建设，政府机构和企事业单位应当积极响应“上云”操作，并采取切实有效的措施推进云计算的应用。政府主管部门可以通过合理的政策引导和技术支持，鼓励政府机构和企事业单位全面加速推进“上云”操作，进一步提升数字政府的基础设施。同时，政府主管部门还需要加强对云计算的安全监管和管理，鼓励云服务供应商建立完善的安全保障体系，确保各类敏感数据得到有效保护。政府主管部门还应该制定相关法规和标准，明确云计算服务的管理要求和技术标准，防范可能出现的安全和风险问题。此外，政府主管部门还应该加强相关技术能力的培训和提升。政府机构和企事业单位需要具备一定的技术实力才能更好地推进“上云”操作，并且需要了解云计算的基础知识以及云计算平台的选择和管理。可以通过组织培训、提供技术支持等方式，帮助政府机构和企事业单位提升技术能力，更好地应对数字政府建设面临的挑战。

当前主流云服务商如阿里云、华为云、腾讯云等在政务领域具有较大的影响力，它们提供了全面的云服务解决方案，包括基础设施即服务（IaaS）、平台即服务（PaaS）和软件即服务（SaaS），以满足云服务的多样化需求。政务云作为主流云服务的一个子领域，针对政府机构的特殊需求进行了定制化，提供了更加安全可靠的服务。

二、云平台面临的挑战

功能单一问题。目前多云平台的自服务系统仅关注 IaaS 层资源的监控和使用，对 PaaS 层资源关注较少，缺乏云产品的推荐功能。由于云资源种类繁多且术语专业化，不了解相关参数的人员使用难度较大。同时，用户需求分析不充分，云资源的创建、调整和变更需求频繁重复，需要进一步简化操作流程。

审批流程问题。审批过程依赖人工操作，一般需要一周才能完成，而用户通常提出急需的需求。用户通常在服务器接近 90% 的使用率时才会申请。如果每天使用率波动较大，还需要临时申请。此外，需要结合业务需求说明最高使用率，并对大数据进行详细说明，整体流程效率较低。

算力基础设施问题。全国部委、各省、地市政务云建设模式多样，服务厂商和技术体系也多样化，导致统一调度、资源共享和使用存在技术困难。同一区域的算力资源缺乏统一管理机制和规范，例如某个省份下各地市云资源的目录要素、使用标准、计费标准、各类云组件使用标准和资源优化标准未统一。此外，算力资源的容灾建设不够完善，大部分地方缺乏灾备政务云。另外，部分地方缺乏基础的大数据支撑能力，如存算分离、图计算、隐私计算、深度学习 GPU 等新型数据和算力设施支撑能力。

安全保障问题。存在账号未对应实人、权限未动态调整、主体管理规范不健全、数据副本掌握不全、数据通道未闭环管理等安全保障问题。此外，数据库日志未全量接入、配置和操作日志未全量接入、日志数据未全量标准化、风险行为未做体系化定义、风险模型未持续迭代、风险行为建模数据源不全等行为底数不全的问题也存在。

三、云资源申请（以东部某省为例）

云资源的申请通常按照项目进行，申请时需要关联具体的项目，并考虑历史使用情况和资源占用情况。现在可以通过大数据局公共数据平台网页提交申请。在网页上填写申请人信息，并提供详细的方案和具体配置需求。这个过程与数字资源系统的流程非常相似。审核人员会根据方案中的架构进行审核，如果不符合架构要求，则不会批准申请。审核主要关注资源数量、网络拓扑和硬件需求。

大数据局会对资源利用率进行考核和通报，包括 CPU、数据库和内存的使用率。这些指标会被持续监测，同时也需要自己统筹利用，特殊情况下要依靠审核人员的判断。如果资源需求较大，需要与大数据局进行沟通新建项目。如果资源需求较低，则会被通报。

云资源申请的流程已经很完备，这使得操作更加便捷，在后台可以一目了然地看到资源的使用情况。在操作层面上，业务侧的人员负责运维工作，已经不再需要用云部门对硬件进行维护。

如果遇到问题，可以通过平台提交工单并描述具体问题。例如，网络不通、政务外网与互联网的连接出现问题、安全层面的服务器故障等。云服务器实际上是虚拟的，是由编号标识的矩阵式服务器。对于网络连接方面的问题，可以尝试重启服务器。

除了硬件申请外，2023 年还增加了与密码服务相关的功能，密码服务器使用了阿里云。除此以外，每天都会有特定的使用时间，堡垒机的访问会被监测，异常时段的操作行为、流量以及操作时间都会被记录。安全部门会对堡垒机的访问进行异常监测。

当使用过程中可能出现资源过多或不足的情况，用云部门需要提出相应资源的升（降）配说明。

第四章

建设数据中台

当前，随着数字化转型的浪潮席卷全球，数据资源已由幕后逐渐走向舞台中央，成为推动企业与政府实现深层次、全方位数字化转型的核心动力源泉和战略资产。为了充分挖掘这一新型生产要素的潜能，我们必须构建系统化的大数据思维框架，深入理解大数据的本质及其应用逻辑，才能精准把握其如何催生颠覆性变革。

在此过程中，数据中台作为支撑大数据生态体系的关键支撑，扮演着无可替代的角色。它将数据源头与数据价值释放的终端紧密相连，确保了数据在全生命周期内的有效管理和利用。因此，深入理解数据中台是解锁数据资源，赋能数字化转型的重要途径。

本章将以认识大数据为起点，逐步探讨大数据获取以及价值发掘的方式，最后落脚于承载这一切的基础平台——数据中台，旨在揭示数据资源如何赋能并驱动组织在数字化时代下战略转型与升级。

第一节 如何获取数据

一、什么是大数据

（一）如何认识大数据

1. 主流定义:“5V”模型

随着人们对大数据的理解越来越深入，将其定义拓展到了包含数据量大、类型繁多、价值密度低等特点，主要有“3V”、“4V”以及“5V”定义。“3V”定义认为大数据需满足3个特点：规模性（Volume）、多样性（Variety）和高速性（Velocity）；“4V”定义则尝试在3V的基础上增加一个新的特性，但关于第4个“V”的说法并不统一，价值性、稀疏性皆有所云。

而IBM公司认为大数据必然具有真实性，从而提出了“5V”定义[1]，成为目前学术界和社会的主流观点之一。

- 规模性（Volume），即数据量大，包括采集量、存储量和计算量。

[1] 维克托·迈尔-舍恩伯格，肯尼斯·库克耶. 大数据时代[M]. 杭州：浙江人民出版社，2013.

- 多样性（Variety），包括结构化数据和非结构化数据。
- 高速性（Velocity），数据生成速度快且需要实时处理和分析。
- 低价值密度（Value），数据量很大，但有价值的信息相对较少，需要通过数据分析挖掘重要信息。
- 真实性（Veracity），大数据往往有多个来源，需要确保数据的真实准确。

然而，大数据的定义仍然在不断扩展和完善之中，例如有研究提出“5V+I/O”，即增加了数据在线这一特征（I/O），强调了数据永远在线，可以随时调用和计算[1]。

2. 国内业界定义：有价值的数据才是大数据

在中国，业界对大数据的定义往往倾向于强调其价值。这是因为大数据不仅仅意味着大量数据的收集和存储，更重要的是通过对这些数据的分析和挖掘，从而提炼出有用的信息和知识，为组织决策提供依据和指导。

阿里巴巴提出“有业务价值的数据才是大数据”，强调大数据的本质及价值源于全域（大循环）数据之间的连接。其认为来自不同业务场景、不同领域，甚至跨行业之间的多元数据若能在大循环中作为公共创新资源被利用，或将创造难以估量的价值[2]。

华为提出“业务即数据，数据即业务”和“业务数字化、数字业务化”的概念。“业务数字化”是指将传统的线下业务转移到线上，

---

[1] 吴信东，董丙冰，堵新政，等. 数据治理技术[J]. 软件学报，2019，30（9）：2830-2856.

[2] 车品觉. 数循环：数字化转型的核心布局[M]. 北京：北京联合出版公司，2021.

“数字业务化”则指的是从数据到信息、知识、决策的高效转换，通过大数据分析和人工智能技术，挖掘隐藏在海量数据背后的有价值信息，开发出全新的业务形态。

总之，大数据已经成了企业和社会发展的重要驱动力，通过深入挖掘和运用大数据的价值，能够创造出更高的经济效益和社会价值。

（二）数字化推进过程中需要哪些数据

在大数据的驱动下，数据成为组织数字化转型的重要基础，组织数字化转型的核心也在于实现数据的高效利用和自动处理，并以此来提升组织的效率。因此，搭建适合自己的数据体系结构、充分利用数据，对组织而言格外重要。

1. 基本原则：数据获取要以需求为导向

数据是多维度的，一味地追求数据越多越好，盲目地收集大量无用的数据会造成数据冗余。因此，组织应该根据自身的需求与目标，有针对性地获取相关数据，使数据与数据战略、组织所处的发展阶段相匹配[1]。

其一，数据要基于业务战略而定。围绕组织的业务战略展开，识别出最符合组织业务需求的数据，舍弃无效的数据。如交通厅职能围绕着交通管理和建设展开，其数据也应以道路、车辆、运输情况等为核心。以阿里巴巴为例，它的电商数据战略就离不开“人、货、场”

[1] 车品觉. 数循环：数字化转型的核心布局[M]. 北京：北京联合出版公司，2021.

的组合，其数据也必须紧密围绕着“用户、商品、库存”展开。

其二，数据积累要根据组织不同的发展阶段而定。早期阶段，组织常基于短期目标快速积累数据。然而，这种“即用即弃”的信息理念易导致数据缺乏前瞻性和预见性，不利于中长期发展。组织应该以短期目标作为出发点，结合中长期的发展趋势制定合理的数据战略，对数据进行有意识的积累和储备，为未来业务方向美定基础。

其三，数据要根据实际业务运作的反馈情况而定。组织在积累和使用数据的过程中，应以实际业务运作为导向，理解数据对业务目标的作用，包括：关注数据反馈情况，尽可能地记录下数据从产生到应用的过程，以便从局部发现问题、解决问题；利用系统思维，挖掘周边生态的数据与主体业务之间的关联，创造性地拓展工作。

2. 需要的三类数据：专用、通用、常用数据

能为特定业务提供价值的专用数据。专用数据是特定领域或行业的特定数据，对于组织的决策制定、风险控制等方面具有重要参考价值。在政府部门中，其专用数据与部门职能密切相关，如卫健委的医疗卫生机构数据、市场监管局市场的涉及主体登记情况数据等。由于这些数据可能涉及组织机构的机密信息，因此需要注意数据安全和隐私保护。

广东省珠海市的自然资源一体化数据系统对自然资源领域专用数据进行了较为完善的梳理[1]。一类按照操作环节来区分，包括空间规

[1] 袁磊，潘俊钳，陈俊松，等.“链治理”视角下珠海市自然资源业务数据治理路径[J]. 规划师，2023，39（6）：85-92.

划、调查监测、确权登记、空间管制与开发利用、生态修复、测绘管理、执法监督、交流合作等，另一类按照涉及的对象来区分，包括地质环境与灾害管理、海洋管理、矿产管理、林业管理等（图 4-1）。

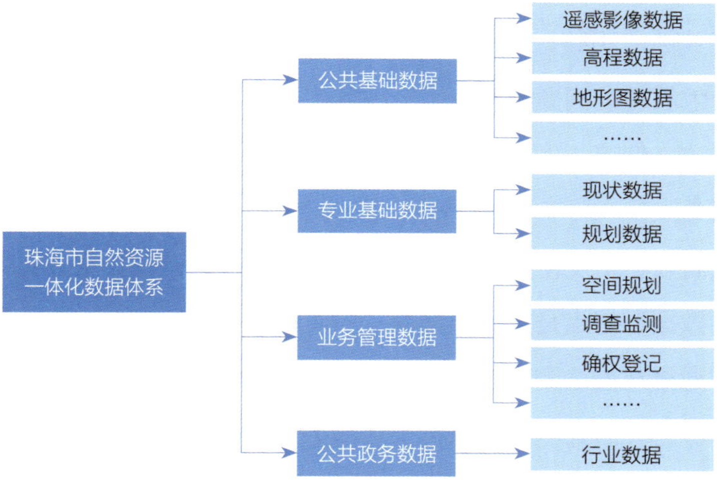

图 4-1　珠海市自然资源一体化数据体系

资料来源：根据公开资料整理。

支撑共享的通用数据。通用数据是指可以被广泛应用的数据，通常是具有一定共性和普遍性的基础数据，主要包括人、地、物等基础要素。这些数据往往是标准化、规整化的，可以在多个领域和行业中被复用，对各行各业都有很大的参考价值。如浙江省依托一体化数字资源系统建设的人口综合库、法人综合库、电子证照库、信用信息库、自然资源和空间地理信息库五大基础库[1]。

[1] 绍兴市人力社保局. 聚焦深化数字政府建设，浙江召开专场发布会[EB/OL].（2022-08-05）[2024-01-12]. https://www.sx.gov.cn/art/2022/8/5/art_1229328190_59379080.html?ivk_sa=1023197a.

贵州省提出的“块数据”概念也创新了通用数据的整合方式。以城市为基础单元，将分散在各业务部门的人口、房屋（地址）、法人、事件、设施等的社会治理要素（条数据）按照管理层级关系封装到市、区、街道、社区、网格、建筑物、房屋等管理单元[1]，形成一个共享、开放的“块数据”池。“块数据”池从根本上解决了数据独立运行、分散管理的问题，形成了一种宣传、政法、应急、卫生健康、环保、民政、信访、生态环境等多个政府职能部门彼此关联、相互交错的格局[2]。

被高频更新及使用的常用数据。常用数据是指在日常业务中经常使用的数据，特点是使用频率高、应用范围广，所以往往也属于专用数据和通用数据。需要注意的是，这里提到的三类数据更多的是从优先级来考虑，这并不是说只需要这三类数据，我们还需以动态发展的视角来考虑数据。当前并不常用的数据，或许从长远发展考虑会成为重要的数据；当前常用的数据也可能是阶段性需求驱使的。例如行程码随着实际情况变化，相关数据也经历了从常用到不用的过程，从早期手机用户可通过服务，查询本人前 14 天到过的所有地市信息到后期行程码下架并同步删除用户行程相关数据。

[1] 涂志明，杜志章，何良海，等. 块数据驱动基层社会治理创新——以深圳市N区治理实践为例 [J]. 社会治理，2022（12）：79-88.

[2] 余敏江. 整体智治：块数据驱动的新型社会治理模式[J]. 行政论坛，2020，27（4）：76-82.

二、如何获取大数据

（一）业务系统沉淀数据

业务在线化带来数据在线化。在信息化建设与应用不断深入的过程中，政府部门、企事业单位和社会大众对服务不断提出新要求，因此推动了离线数据服务向在线数据服务发展。现在大多数政府和企业逐步具备了相对完善的在线业务系统，以此有效提高内部运转效率和服务水平。以国家地理信息公共服务平台为例[1]。以前获取基础地理信息环节多、周期长，应用系统构建的技术复杂、成本较高，且往往不能满足突发事件处置和快速应急响应以及大规模业务化应用的需要。为解决以上问题，国家测绘局建设了我国地理信息公共服务平台，提供地理信息网络化在线服务，也推动离线数据服务向在线数据服务转型。

沉淀在线业务数据。经过信息化建设，业务对象和业务流程通过软件系统实现了数字化，应用产生数据，数据经过分析挖掘，再反馈给应用，这就是业务数据化与数据业务化，形成了数据驱动的业务模式[2]。在线业务数据在这种模式中不断沉淀下来，具体过程可分为四步：

第一，使用信息化手段进行组织架构梳理。通过建立数据字典等

---

[1] 陈军，丁明柱，蒋捷，等. 从离线数据提供到在线地理信息服务[J]. 地理信息世界，2009，7（2）：6-9.

[2] 史凯. 精益数据方法论：数据驱动的数字化转型[M]. 北京：机械工业出版社，2023.

方式，规范数据的字段名称以及含义，使组织内部的数据资源更加清晰、有序，有利于后续的数据处理和分析工作。

第二，在组织内部实施流程标准化。制定一套统一的标准流程，涵盖数据采集、存储、处理、分析等各个环节，并确保这些流程在整个组织内得到严格执行，减少数据的冗余和错误，提高数据的质量和可用性。

第三，引入专业的数据分析和挖掘工具。通过R语言、Python、SAS、Tableau人工智能、机器学习等方法，帮助组织更有效地处理和分析数据，从而获得有价值的信息和洞察。

第四，构建自动化的报表体系。通过自动化、可定制的报表体系，将数据转化为直观易懂的图表和报告，方便决策者随时查看。这个过程中，需要选择合适的报表工具和技术，以满足不同的需求。

以上四步相互配合，共同构成了在线业务数据沉淀的过程。通过这一过程，组织可以更好地管理和利用数据资源，提升组织的创新能力。

（二）获取外部数据

购买数据。当组织在自身无法实现或者不愿耗费大量资源自行收集的情况下，可选择向其他提供数据采集和分析服务的公司或平台购买所需的数据和服务，常见的外部购买数据的方式有三种：

- 购买已有的数据库或报告。这种方式适用于组织希望获得关于某个特定领域的信息或洞察时。例如，某制药公司想了解制药领域全球市场规模及未来发展趋势，就可以考虑购买研究报告或数据包。

● 购买实时数据流。这种方式适用于需要实时更新的数据或预测模型的组织。例如，股票交易公司可能会选择购买实时股票价格、交易量和市场情绪等相关数据，以支撑投资决策。

● 购买定制化数据服务。如果组织对数据有特殊的要求，也可以选择向数据提供商定制数据服务。例如，一些银行可能希望获取与其客户相关的信用卡消费习惯和地理位置等数据，以便更好地为其客户提供定制化的金融服务。

无论选择哪种方式进行数据购买，都需要仔细评估数据质量和供应商信誉等因素，以确保所购买的数据具有较高的准确性和可靠性。同时，还应该注重数据的安全和隐私保护，确保遵守相关法律法规和道德规范。

获取网络数据。网络上拥有海量的数据资源，涵盖了多个领域，可以从中获取有价值的信息，从而更好地支持组织的发展。网络数据获取方式主要包括以下四种：[1]

● 网络爬虫。这是一种通过程序在网站自动抓取信息的技术，使用比较灵活，可用于从各类网站获取文字、图片等多类型数据。

● 调用 API 接口。许多网站都提供免费的 API 接口供开发者调用，这种方式比网络爬虫更为稳定，但仅适用于获取已有的公开数据集。

● 利用软件接口。部分商业软件提供数据接口供开发者使用，在获取授权后可获取所需数据。这种方法更安全、高效。

[1] 廖美红，陆莹. 面向大规模电商平台的商品信息采集技术研究[J]. 企业科技与发展，2022（6）：66-68.

● 软件机器人采集技术。通过编写程序模拟用户操作，自动完成网页表单填写、提交等任务以实现自动化数据抓取。这种方法主要用于数据量较大的场合，可以大大减少人工劳动的时间消耗。

获取其他数据。除了购买商业数据和获取网络数据外，还有一部分机构数据和纸质材料等，这些材料更偏向于人工获取。例如以合作洽谈的方式，从各类经济信息中心、信息咨询机构、专业调查机构获取相关数据，从内部的专业期刊、报纸、书籍等内部资料中获取相关数据，通过参会的方式获取会议材料以及通过调查问卷、访谈获取数据，等等。

第二节 怎样发挥数据的作用

一、数据治理

（一）数据治理治什么

数据治理是以实现数据标准化、提升数据价值为目标，以健全数据组织为保障，以数据过程管控为手段的一种数据管理体系[1]。从狭义上看数据治理，更加关注数据本身，即认为数据治理是数据管理的一部分，应紧密把控数据质量。《大数据治理》一书中也提出了大数据治理需要专注于数据自身，治理准则包括组织、元数据、数据质量等5个方面[2]。从广义上看数据治理，更加强调数据完整的生命周期。在这个过程中涉及的业务、技术、管理工作，也都会被归入数据治理的范畴，即数据治理被认为是一个决策职责和流程有机组合的系统，该系统要对重要的数据和信息进行统一的管理。

从国内企业的数据治理实践来看，数据治理是实现企业目标的工具。阿里巴巴在实践中遇到了“数据稳定性不足、数据应用效率低、

[1] 周振国. 治理框架视域下的数据治理研究[J]. 农业图书情报学报，2020，32（7）：57-62.

[2] 桑尼尔・索雷斯. 大数据治理[M]. 匡斌，译. 北京：清华大学出版社，2014.

数据管理风险大、数据成本压力大”等数据治理的问题[1]；美团总结出四大数据治理问题[2]，包括“治理认知差异大、治理方法不标准、治理效率低效果差、数据管治缺乏体系化”。从这些数据治理的需求来看，都强调数据治理的全流程性，将治理过程中涉及的业务、技术、管理工作也纳入了数据治理的范畴中。

可见，无论是学界还是业界更多的是从广义角度去谈论数据治理，突出数据治理作为一种综合性的手段，通过建立数据治理框架或体系，来推进组织内部的数据治理，从而实现组织发展的目标。

（二）如何开展数据治理工作

数据治理工作在实践中多以“制度＋平台”的模式展开。组织通过建设完备的数据标准、数据安全规定、数据使用制度等，为数据治理工作提供明确的指引；同时建设技术支撑系统，依托数据治理平台落实数据的标准化、安全管理、数据质量的监督检查等工作，实现一站式的数据治理。

1. 建设数据标准体系

（1）数据标准体系的内容

标准化是确保大数据能够顺利流通和应用的基石，同时也是整个

[1] 大数据开发治理DataWorks. 2万字揭秘阿里巴巴数据治理平台DataWorks建设实践[EB/OL].（2023-02-16）[2024-01-15].https://developer.aliyun.com/article/1162652.

[2] 王磊，有为，尉斌. 业务数据治理体系化思考和实践[EB/OL].（2022-05-12）[2024-01-15].https://tech.meituan.com/2022/05/12/business-data-governance.html.

大数据生态系统不可或缺的核心组成部分。为了推动和规范我国大数据产业快速发展，政府不断完善我国的大数据标准体系。2014 年全国信标委正式成立大数据标准工作组，主要负责制定和完善我国大数据领域标准体系，2020 年发布了《大数据标准化白皮书（2020 版）》[1]（以下简称《白皮书》），为国内数据标准体系的建设提供了有力引导。

《白皮书》中将大数据标准体系分为 7 个类别，分别为基础标准、数据标准、技术标准、平台 / 工具标准、治理与管理标准、安全和隐私标准、行业应用标准，为全国大数据标准化工作提供了顶层指引。具体包括：

● 基础标准。主要包括术语、参考架构类标准，为大数据其他部分的标准制定提供基础支撑。

● 数据标准。主要针对底层数据相关要素进行规范，包括数据资源和交换共享两类。

● 技术标准。主要针对大数据通用技术进行规范，包括大数据集描述，大数据生存周期处理技术，大数据开放与互操作技术，面向领域（电力、医疗、电子政务等）的大数据技术四类。

● 平台 / 工具标准。主要针对大数据相关平台及工具产品进行规范，包括大数据系统产品和数据库产品。

● 治理与管理标准。该标准贯穿于数据生存周期的各个阶段，是大数据实现高效采集、分析、应用、服务的重要支撑，主要包括治理

[1] 全国信息技术标准化技术委员会大数据标准工作组，中国电子技术标准化研究院. 大数据标准化白皮书（2020版）[R/OL].（2020-09-21）[2024-01-15].http://www.nits.org.cn/index/article/4055.

标准、管理标准和评估标准三部分。

● 安全和隐私标准。数据安全和隐私标准同样贯穿于整个数据生存周期的各个阶段，主要包括应用安全、数据安全、服务安全、平台和技术安全四部分。

● 行业应用标准。行业应用标准主要面向通用领域应用以及工业、政务、电力、生态环境等垂直行业领域应用开展标准研制。通用领域应用标准主要从大数据在通用领域中所能提供的共性服务出发，开展应用方法、能力评估等标准研制。

（2）如何建设数据标准体系

以上海农业大数据标准体系建设为例[1]，展开论述数据标准体系建设过程。上海市农业农村委员会围绕上海数字农业转型目标，已建成涉及种植、畜牧、水产、农机、经管等32个业务系统，但是业务信息系统存在分头建设、各自为政的情况，缺乏统一标准和共享互通机制，导致业务数据资源“碎片化”，阻碍了农业大数据的应用和价值发挥。因此上海开展了农业大数据标准体系建设工作，采取了“业务分析、大数据应用场景模型建立、标准需求分析、形成标准体系框架”四步建设思路：

第一步，业务分析。深入分析上海市农业农村委员会涉及的各类业务，建立业务分析模型。

第二步，大数据应用场景模型建立。以全局观念、系统思维跨行

[1] 周甦芳，范浚，叶有灿，等. 上海农业大数据标准体系建设思路研究[J]. 上海农村经济，2022，2：36-38.

业、跨部门、跨单一需求提炼应用场景，分析大数据技术与业务的结合点，建立上海农业大数据应用场景模型。

第三步，标准需求分析。基于业务分析模型和大数据应用场景模型，进行标准需求分析，形成标准体系并最终细化到具体标准。

第四步，形成标准体系框架。确定上海农业大数据标准体系框架的应用范围，厘清其与已有规范性文件的关系，建立上海农业大数据标准体系框架。

2. 搭建数据治理工具与系统

数据治理工具与系统是数据治理工作的技术基座，是实现有效数据管理的关键组成部分，囊括了从数据集成、数据质量管理、数据服务管理到数据安全管理等多个维度，对于任何依赖数据驱动决策的组织来说都是不可或缺的。

以美团的实践经验为例，美团的住宿业务从 2014 年上线，随着业务生命周期发展，其对数据的诉求由快速支持业务分析和销售团队数据支持，转变为寻求高增长、做服务以及精细化运营，对数据治理各方面提出了新的要求；另外，内部各业务线业务模式不同，所处业务生命周期阶段不同，在数据治理上的认知及经验积累也不同。为了提升数据利用的效率，自然而然需要考虑更加标准化、体系化、自动化的数据治理。因此，美团对数据治理工作进行了体系化思考，从愿景出发，搭建了管理层、评价层、执行层、能力层和标准层。从执行层来看，美团数据管治的范围囊括了数据资源、数据质量、数据架构、数据安全、数据效率、数据服务、数据价值等七个方面的数据治理工作，并建立了一套流程来推进相关治理工作。

美团具体通过标准化、数字化、系统化三大部分能力建设及运营来实现数据治理工作的落地（图 4-2）[1]。

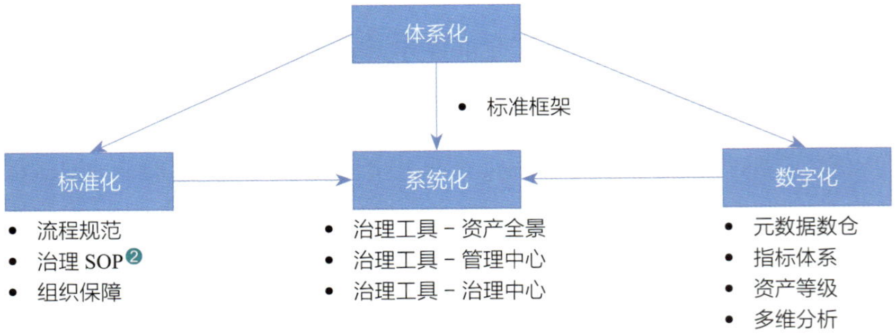

图 4-2　美团业务数据治理的工作思路

第一步，标准化。为解决流程规范缺失、建设方法不合理以及落地条件差等问题，以规范建设和工具保障两项措施并行来解决问题。建设数据治理管理规范、数据研发规范、数据标准化治理 SOP 以及数据健康度评估规范。工具上主要通过提供数据百品知识中心、测试工具八卦炉、SOP 自动化工具来进行支撑。

第二步，数字化。为解决数据治理工作缺乏科学量化的抓手、无法准确感知评估的问题，通过设计数字化架构方案 ，将数据开发工作用数据描述，构建整个数据开发工作的准确视图。具体来说，数字化架构方案包含三部分，分别是元数据仓库、数据服务、数据应用。元数据是描述数据的数据，通过搭建元数据仓库快速了解组织内部的数

[1] 王磊，有为，尉斌. 业务数据治理体系化思考和实践[EB/OL].（2022-05-12）[2024-01-15].https://tech.meituan.com/2022/05/12/business-data-governance.html.

[2] SOP：Standard Operating Procedure，标准作业程序。——编者注

据资产。数据服务主要包括统一查询服务、报表管理工具、指标管理系统等，其中最重要的是指标体系建设，通过指标来监控衡量数据在安全、质量、效率、成本等方面存在的问题。

第三步，系统化。除了标准化和数字化外，还需要系统囊括各类工具进行全面的技术支撑。美团搭建了数据百品-管治中心治理平台（美团内部产品），实现了集资产管理、问题分析监控、自动化治理、过程追踪、结果评价的一站式、全覆盖数据治理平台，能有效提升治理质量和效率，为数据质量提升做好强有力的支撑。下面简单介绍“治理中心”。

治理中心主要围绕日常数据治理过程中的痛点问题，从问题责任人视角出发，帮助一线治理工程师提高从问题评估分析到治理、进度监控的一站式治理能力。将治理工作精细化、常态化运营，具体分为治理概览、分析评估、问题治理和 SOP 自动化治理、进度监控四个模块，整体提升了数据治理质量和效率。

- 治理概览：治理中心首页，介绍了团队数据治理体系框架及标准化治理成果，让使用者在认知上与治理中心的治理理念一致，并提供数据治理优秀解决方案。

- 分析评估：对七大类治理问题进行量化评估，提供治理优先级及问题排名，让用户了解应该先做什么。

- 问题治理和 SOP 自动化治理：提供丰富的治理指标，全面衡量治理问题，问题分配及时通知，并利用 SOP 自动化工具实现对解决问题过程的标准化，保障治理效果，提高治理效率。

- 进度监控：提供问题治理进度看板及问题分配进度监控，便于管理者宏观把控问题治理进度，合理规划分配节奏。

美团的案例印证了组织架构、制度标准和技术支撑三大方面在企业数据转型中的作用，同时表明了只有将标准体系与技术工具相结合，才能更好地应对大数据时代的挑战。这意味着不仅要建立一套完整的数据治理规范，还要选择合适的工具来实现这些规范，并将它们融入日常运营中。这种结合不仅有助于提高数据的质量和一致性，也有助于促进数据的高效使用，从而为企业创造更多的价值。

二、数据开放共享

（一）不是所有数据都需要开放共享

数据共享主要指的是面向组织内部的数据流动，其中由数据应用单位提出组织内部跨组织跨部门的数据获取需求，对应数据供给单位进行授权并由信息部门向该数据应用部门开放数据访问权限[1]。这种共享有助于打通组织各部门间的数据壁垒，建立统一的数据共享机制，加速数据资源在组织内部的流动。

数据开放是面向组织外部的。数据开放是指向社会公众提供易于获取和理解的数据。对于政府而言，数据开放主要是指公共数据资源开放；对于企业而言，主要是指企业向政府部门、外部企业、组织和

[1] 祝守宇，蔡春久. 数据治理–工业企业数字化转型之道[M]. 北京：电子工业出版社，2020.

个人等外部用户提供数据的行为[1]，如披露企业运行情况、推动政企数据融合等。在数据开放的情况下，形成了所谓的开放数据。开放数据通常指的是结构化、可机读、有开放授权并得到良好维护，可以被自由再利用，任何人都可以分析、比较、对标和从中发现规律的数据，这一定义也突出了开放数据的可复用性。目前开放数据的来源主要有三类：一是公共政府数据集，二是科学研究、社交媒体或其他非政府来源的大型数据集，三是商业报告和商业数据[2]。在厘清数据共享和数据开放的基础上，可进一步讨论数据共享和数据开放的方式。

（二）如何进行数据共享

数据共享是一个复杂过程，需要从制度机制和技术支撑两方面进行综合考虑，才能有效推动数据有序共享。

1. 制度机制

建立制度机制旨在达成数据使用和管理的共识，通过合同、协议等方式明确各方的权利和义务。

（1）制定相关政策制度

通过制定数据标准和数据相关法规政策以确保数据在传输过程中不被篡改或丢失。以我国为例，在国家层面出台《政务信息资源共享管理暂行办法》《政务信息系统整合共享实施方案》《关于建立健全政

[1] 祝守宇，蔡春久. 数据治理-工业企业数字化转型之道[M]. 北京：电子工业出版社，2020.

[2] 郑磊. 开放不等于公开、共享和交易：政府数据开放与相近概念的界定与辨析[J]. 南京社会科学，2018（9）：83-91.

务数据共享协调机制加快推进数据有序共享的意见》等政策文件；在地方层面出台数据条例、数据安全政策，等等，以强化顶层设计，统筹推进数据共享。同理，企业内部也可制定内部的管理制度来推进数据共享，如搭建内部的数据治理框架，指导数据管理和使用。

（2）建立共享协作机制

组织内部可以通过与其他相关部门签署合作协议的方式，明确各方的权利和义务，实现数据共享。如国家统计局与国家医保局签署数据共享利用合作协议[1]，将围绕在住户调查中运用医疗保障行政记录数据、分析重点群体医疗保险参与情况等开展数据共享及合作研究，为推动完善医疗保障制度提供支撑。同时，组织还可以设立跨部门跨层级的项目组或指定专门人员负责协调各方面的事务来鼓励内部数据共享[2]，如北京市经开区先行践行区级首席数据官制度[3]，采用“首席数据官＋数据专员＋部门联系人”的“三级工作制”，建立起上下贯通的数据治理组织体系，探索部门间数据协同治理。

2. 技术支撑

数据共享需要技术支撑，技术支撑对于实现数据的安全、高效和可控共享至关重要，主要有建立中央数据中心或云服务平台、采用数据交换平台、建立数据沙箱三种方式。

[1] 国家统计局. 国家统计局与国家医疗保障局签署数据共享利用合作协议[EB/OL].（2023-11-21）[2024-01-16].http://lwzb.stats.gov.cn/pub/lwzb/gzdt/202311/t20231122_7688.html.

[2] 赵新宇. 数据治理与共享[M]. 北京：中国社会科学出版社，2017.

[3] 亦城时报. 经开区率先落地区级首席数据官制度[EB/OL].（2023-09-17）[2024-01-16].https://kfqgw.beijing.gov.cn/zwgkkfq/yzxwkfq/202309/t20230915_3260147.html.

（1）建立中央数据中心或云服务平台[1][2]

将组织内部所有或部分数据存储在一个集中式的中央数据中心或云服务平台上，其他部门可以通过标准接口访问所需的数据。这种方式可以有效提高数据的可用性和安全性，并且能够实现对数据的统一管理和控制。

（2）采用数据交换平台[3]

该平台通常采用统一的标准和格式，以便于多个系统之间通信，实现不同部门之间更加便捷地共享和使用数据，从而提高组织整体的数据利用效率。

（3）建立数据沙箱[4]

在组织内部建立一个封闭环境中的虚拟空间（即数据沙箱），在这里其他部门可以在严格的安全控制下使用特定的数据集进行试验和研究。数据沙箱可以保证数据的安全性，同时也可以支持数据分析和建模等实验活动。

（三）数据开放的模式有哪些

数据开放的模式主要有三种：政企合作、联合体、大众参与。政

---

[1] 毕强，董海欣. 政府信息资源共享模式研究[J]. 情报科学，2008（11）：1630-1635.

[2] 李晓，王鸣涛. 云计算环境下政府信息资源共享模式研究[J]. 电脑知识与技术，2015，11（35）：153-155.

[3] 秦浩. 政府信息共享模式：理论、实践与个案研究[J]. 电子政务，2017（4）：75-83.

[4] 王忠春，陈庆荣，刘婷. 大数据下新型安全沙箱技术运用分析与研究[J]. 网络空间安全，2022，13（6）：89-97.

企合作是指政府与企业之间的合作，通过建立合作关系，实现数据资源的共享和利用。联合体则是指多个组织或机构之间共同合作，通常是非政府组织之间的合作。大众参与指的是让公众参与到数据开放的过程中来，通过公开透明的数据公开和使用机制，提高公众对数据的认知和信任。

1. 政企合作

政企合作的模式主要分为政府主导型、企业主导型、政府主导市场化运作三种[1]。

（1）政府主导型

这种模式下，政府作为数据开放共享的主体，主动开放自身数据来深化政府数据的创新应用。具体方式包括：

- 开展创新应用竞赛。目前国内各级政府均积极组织开放数据创新应用大赛，如武汉都市圈开放数据创新应用大赛、SODA 开放数据创新应用大赛等赛事，增进了数据科技人才交流，充分释放了数据价值，推动经济社会发展。
- 合作建立试点项目。如上海积极开展公共数据开放应用试点项目征集工作[2]，在交通出行、医疗健康、金融服务、社会信用、商业服务等领域遴选具有标杆示范性和民众感知度的试点项目。
- 协同建立大数据应用实验室。如江苏省数字文化和智慧旅游发展中心、南京市文化和旅游信息中心、美团文旅研究院三方共建的

[1] 王贵海，朱学芳. 国外典型数据开放模式分析及其在我国的实践与启示[J]. 情报理论与实践，2023，46（12）：193-200.

[2] 范佳佳. 释放公共数据价值[N]. 解放日报，2022-12-12（08）.

“文旅大数据应用与标准研究实验室”[1]，以整合文旅数据资源，联合研究文旅大数据算法，为行业监管及决策分析中心提供数据支撑，助力江苏文旅行业高质量发展。

（2）企业主导型

企业作为数据开放的主体，主动面向政府开放数据，通过微观数据支持政府的宏观决策。如阿里巴巴集团早在 2015 年就推出国内首个面向政府开放的大数据产品[2]。各级政府可自助查询当地多维度的电子商务经济数据，以挖掘出区域内的优势产业、热门商品、潜力企业、消费主力。百度地图联合西安公安交警，独家上线了全城近 2000 个红绿灯倒计时，让西安实现了红绿灯倒计时全覆盖[3]。

（3）政府主导市场化运作

“政府主导”主要是指政府作为数据开放共享的主体，“市场化运作”主要是指政府通过与企业签订合作协议、授予特许经营权、制定激励机制等方式，鼓励企业开放自身数据，实现与政府数据的双边共享和互利共赢。

- 合作协议。如美团外卖平台与海南省市场监管局签署智慧监管合

[1] 靳扬扬，郜子君. 江苏成立文旅大数据应用与标准研究实验室[EB/OL].（2022-12-15）[2024-01-16]. http://www.ctnews.com.cn/news/content/2022-12/15/content_134509.html.

[2] 陆玫. 阿里向政府开放大数据，官员可自助查询当地电商数据[EB/OL].（2015-03-02）[2024-01-16]. https://www.thepaper.cn/newsDetail_forward_1306983.

[3] 爱云资讯. 百度地图携手35城交警深度合作！已上线超过600条城市绿波带，全国范围覆盖“绿波车速”[EB/OL].（2015-03-02）[2024-01-16]. https://baijiahao.baidu.com/s?id=1759243639792905751&wfr=spider&for=pc.

作框架协议[1]，涵盖食品安全信息交流、绿色维权机制、助力餐饮业复苏发展等 11 个方面食品安全领域合作内容，共同推进互联网 + 明厨亮灶、公筷行动等政企合作项目，不断提高海南食品安全管理水平。

● 公共数据授权运营。如温州数据交易中心成立，按照“政府主导、国企承建、准公共服务、市场化运作”原则，承担温州公共数据授权运营产品交易、温州行政事业单位和国有企业的数据采购交易、中国（温州）数安港入驻企业和落户温州的数商数据产品交易、温州数据资产登记、温州数据交易政策试点、温州数据要素场景应用服务等六大平台功能。

2. 联合体

联合体的模式与政企合作模式的区别在于，其参与主体通常是非政府组织，两个或多个独立的实体为了共同的目标而组成的一个组织，它们共享资源、知识和技术，并在某些领域合作。

（1）企业合作型

由多个企业主体共同合作，形成企业联盟等组织形态。如浙江省杭州市余杭区率先成立数字化改革企业联盟（简称“数改联盟”）[2]。自 2021 年 5 月以来，数改联盟集聚了 231 家企业、高校、科研院所，涵盖大数据、人工智能、云计算、物联网、智能制造等九大领域，通过场景共建、联合创新，涌现出一批优秀的数字化成果。

---

[1] 罗霞，王兆东. 省市场监管局与美团点评集团签约　推进食品安全智慧监管[N]. 海南日报，2020-06-12（004）.

[2] 编者按. 在余杭感知“数字脉动”｜根深叶茂的共建共享[EB/OL].（2023-06-05）[2024-05-15]. https://baijiahao.baidu.com/s?id=1767851501891300998.

（2）社区合作型

社区合作是指一个群体或社区中的成员为了共同的目标而进行的合作，通常基于共享资源、知识和技术，并在某些领域进行合作。如GitHub、Apache等开源软件社区，由全球各地的开发者共同维护和管理代码资源，实现软件开发的协作和共享。还有像优步（Uber）、爱彼迎（Airbnb）等共享经济平台，由用户分享自己的汽车、房屋等资源，实现资源共享和交易。

3. 大众参与

区别于社区合作在群体或社区中展开，大众参与的主体通常是独立个体，不受个体具体身份的限制，作为普通民众参与到数据开放中。

（1）众包方式

公众成为合作者，由组织发起数据竞赛、项目等，邀请全社会公众参与到其中解决问题。如美国国家航空航天局的“公民科学家”计划，旨在鼓励公众参与科学研究和探索项目，邀请人们使用自己的设备和技术来收集数据、分析图像或解决其他科学问题，帮助科学家发现新的天体和现象。如康奈尔大学鸟类学实验室运营的项目eBird，同样邀请公众记录并提交其观察到的鸟类数据，以支持鸟类学研究。

（2）信息知情

组织向公众发布数据和研究报告，允许公众访问和利用，挖掘数据价值。

● 数据发布。组织将其拥有的数据资源公开发布，供公众访问和使用。这些数据可以是原始数据，也可以是经过处理和分析的数据集。如浙江省的公共数据开放平台，开放大量数据的同时提供交流互动的板块，供个体对需求数据进行申请、数据纠错等。

● 数据集市。组织将来自多个数据源的数据进行整合和标准化，形成一个统一的数据集市，供特定用户群体使用。

● 研究报告发布。如《自然》(*Nature*)、《科学》(*Science*)等顶级学术期刊会定期发表最新的科研成果，并提供全文下载，供公众参考和学习。

第三节 如何建设数据中台

一、从数据仓库到数据中台

（一）数据平台的发展脉络

随着大数据的发展，组织逐渐意识到大数据的价值，并开始探索如何利用数据，数据平台应运而生。它是一种用于存储、处理和分析大量数据的技术工具，可以支持多种数据类型和来源的集成和管理，数据平台的发展可分为三个阶段[1]：

平台 1.0 阶段以数据仓库为核心。该阶段组织意识到数据价值的重要性，开始建立专门的数据存储系统来支持决策分析和报告，即数据仓库，这是一种用于存储和管理大量历史数据的技术工具。从数据量来说，数据仓库要比数据库庞大得多，并且主要用于数据挖掘和数据分析[2]。由于数据仓库的设计目标是支持决策分析和报告，因此无法满足

[1] 缪翀莺，谭华，易学明. 数据中台的定位和架构分析[J]. 广东通信技术，2019，39（12）：57-62，70.

[2] 顾鸣声. 基于非关系型数据库构建政府信息资源基础库的研究[J]. 现代信息科技，2022，6（2）：157-159，163.

个性化需求和处理非结构化数据的需求，人们开始探索建立更加灵活和可扩展的数据平台来处理各种类型的数据，以满足不同用户的需求。

平台 2.0 阶段以（大）数据平台为核心。（大）数据平台主要的关键技术是数据湖，正是数据湖打破了数据仓库中数据存储和处理的局限。数据湖和数据仓库的数据处理理念差异较大[1]，一是数据湖预先不确定使用目的，并非明确基于特定主题去获取相关数据；二是数据湖处理原始数据，因此对专业知识要求更高；三是数据湖没有固定的数据结构，因此具有很高的灵活性。总的来说，数据湖与数据仓库的区别在于，其能够满足更多的数据源需求，并能够实现更高维度的数据分析。

平台 3.0 阶段以数据中台为核心。中台概念最早是阿里巴巴集团提出的，以数据为中心，在数据集成的基础上，以服务的方式提供数据的全生命周期管理，为业务构建提供便利，实现数据对于应用业务的价值[2]。与数据湖强调应对大数据挑战的数据存储和治理方案这一点不同，数据中台是一种全局的数据解决方案。建设数据中台最初是为了实现大规模用户数据采集、存储和处理，以满足业务的基本需求；在发展过程中它开始向更多行业拓展，关注数据的整合和共享，以实现不同业务系统之间的数据交流和协作；到了成熟阶段，则进一步注

[1] 蔡珉官，王朋. 数据湖技术研究综述[J]. 计算机应用研究，2023，40（12）：3529-3538.

[2] “数据中台关键技术与系统研究”专辑导读[J]. 华东师范大学学报（自然科学版），2020，213（5）：6-8.

重数据的质量和价值挖掘，以支撑更高级别的业务决策和创新[1]。因此，数据中台除了包含数据湖特性外，还满足了更多的系统功能，包括数据资产管理、治理机制、数据安全、数据能力共享，等等。

（二）厘清数据平台的关系

从数据仓库到数据中台更多的是从历史发展的维度来阐述数据平台的发展，但是从实践来看，数据仓库、数据湖、数据中台在当前仍被不同组织广泛运用。进一步厘清三者的关系，有助于加深我们对数据平台的理解，更好地选择和使用适合的数据管理工具和技术。

数据仓库与数据湖的关系是什么？数据仓库和数据湖都是数据存储和管理的方式，当需要存储某类数据时，数据仓库需要事先根据下游的要求来进行数据加工，再进行数据存储和管理。而数据湖则是直接对原始数据进行存储管理，当需要提取数据时，可以根据不同的需求再对数据进行结构化加工。两者可满足不同的分析需求和使用场景，因此并不相互排斥，它们还可以互相配合，形成一种混合型的数据管理方案[2]。二者具体的区别见表 4-1。

为什么在数据仓库或数据湖的基础上还要建数据中台？主要是为了更好地管理和利用组织的数据资产，支持组织数字化转型和业务创新。数据中台在数据仓库或数据湖的基础上添加了一个统一的服务

---

1. 智研瞻产业研究院. 中国数据中台行业深度调研及投资前景预测报告[R/OL].（2023-09-12）[2024-01-17].https://www.sohu.com/a/719799286_120815556.
2. 刘子龙. 数据湖——现代化的数据存储方式[J]. 电子测试，2019（18）：61-62.

表 4-1 数据湖与数据仓库的区别

区别维度	数据湖	数据仓库
数据存储结构	结构化、半结构化、非结构化数据	结构化数据
数据处理模式	读时模式	写时模式
数据加载	无须分类，自由定义	预先分类
数据访问	包含更多相关信息，可挖掘新的需求	用于存储和维护长期数据，按需访问
安全性	安全性较差	安全性较好
灵活性	灵活，无固定结构	耗时，高度结构化
成本	更快查询结果只需较低存储成本	更快查询结果带来更高存储成本

层，该服务层可以为外部应用程序提供数据访问和数据共享的功能，从而使数据更加容易被共享和利用，降低数据使用成本，提升组织的数据价值。

以华为公司的数据中台为例。为应对数据治理挑战，华为针对企业数字化运营诉求提供的数据全生命周期管理，建设了具有智能数据管理能力的一站式治理运营平台，即数据治理中心（DataArts Studio）。数据治理中心以数据湖为底座，支持对接所有华为云的数据湖与数据库云服务，也支持对接企业传统数据仓库。在数据治理中心的基础上，通过应用华为在企业业务领域积累的丰富的行业领域模型和算法，快速构建企业数据中台，提升数据运营能力（图 4-3）。

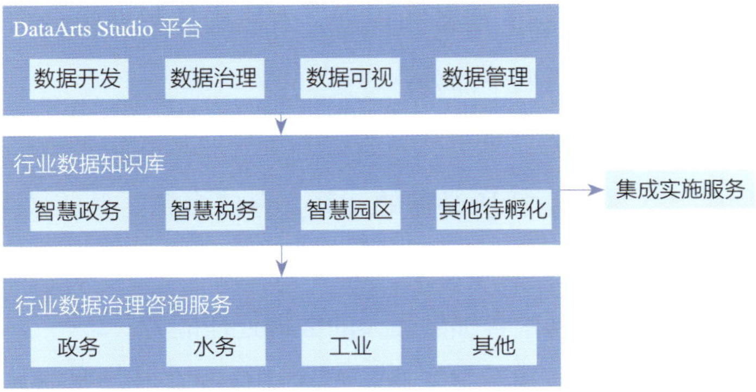

图 4-3　华为数据中台

资料来源：根据公开资料整理。

二、如何建设数据中台

数据中台的建设涉及众多方面，从不同的角色定位出发，在推进数据中台建设的过程中其发挥的作用有所不同。从管理者的视角出发，侧重于统筹规划，以及分阶段推进数据中台的能力建设；从数据人员的视角出发，侧重于考虑数据全生命周期管理，在不同环节提供不同的数据服务；从业务人员的视角出发，侧重于有效利用数据中台，发挥数据中台的业务价值。

（一）作为管理者，如何整体把握数据中台

数据中台的建设是一个长期的过程，需要持续投入和优化。只有

在每个阶段都做好相应的准备和规划，才能确保数据中台的成功实施。数据中台通常包括四个部分：

数据计算、存储层。负责从各种源系统中收集和传输数据到数据中台，提供了大数据运行所必需的计算、存储资源。目前数据计算、存储层多采用数据仓库或数据湖技术，这些技术可以支持大规模数据的处理和分析，为数据中台提供强大的数据处理能力。

数据工具层。主要涵盖了从数据集成、数据开发、数据测试到任务运维的整套工具链产品，这些产品可以帮助数据工程师快速构建数据应用，提高数据开发效率。

数据治理层。数据中台的核心组成部分。数据治理层负责数据的全生命周期管理，包括数据的采集、清洗、整合、存储、分发等环节，需要确保数据的质量和安全，保证数据的可用性和一致性。

数据服务层。它是数据中台的门户，对外提供统一的数据服务。数据服务层需要考虑数据的安全性和稳定性，以及数据的权限管理和审计。

结合数据中台的总体架构，管理者可分阶段推进中台的能力建设[1]（表 4–2）。第一阶段主要完成基础能力的建设，为后续的数据处理和应用提供稳定、高效的技术支撑，主要包括技术工具、架构设计，以及未来拟建设各项能力的基础性建设工作，即对应前面提到的数据计算、存储层。第二阶段主要完成可用性能力的建设，提供数据

[1] 大数据技术标准推进委员会. 数据中台实践指南（1.0版）[R/OL].（2023–06–28/）[2024–01–17]. https://www.smartcity.team/reports/%e6%95%b0%e6%8d%ae%e4%b8%ad%e5%8f%b0%e5%ae%9e%e8%b7%b5%e6%8c%87%e5%8d%97v1/.

表 4-2 数据中台能力建设过程

建设阶段	对应架构	具体建设内容
第一阶段： 基础能力建设	数据计算、 存储层	● 技术工具的选择：选择适合数据中台需求的技术工具 ● 架构设计：设计合理的数据中台架构，包括数据计算、存储层的设计，以及与其他系统之间的接口设计 ● 基础设施建设：建立数据中心或云环境，部署硬件设备和软件系统
第二阶段： 可用性能力建设	数据工具层、 数据治理层	● 数据集成与开发：将各种源系统的数据接入数据中台，并进行数据清洗、整合和分析 ● 数据治理：开展数据治理，保证数据的质量和安全 ● 数据测试与运维：对数据应用进行测试和维护，确保其正常运行
第三阶段： 易用性能力建设	数据服务层	● 数据服务：对外提供统一的数据服务，支持业务系统的数据需求 ● 数据资产运营：通过数据分析和挖掘，推动组织的发展 ● 数据安全性：加强数据的安全保护，防止数据泄露和滥用

开发能力、数据管理能力，即对应到数据工具层和数据治理层。第三阶段主要完成易用性能力建设，开展数据统一服务能力、数据资产运营能力建设，即对应数据服务层。

（二）作为数据人员，如何着手数据工作

从数据全生命周期管理的角度出发，数据人员旨在实现数据的全面准确、好用易用。其主要包括数据治理体系、数据服务体系、数据技术体系、数据运营体系四大体系：

- **建设数据治理体系。**首先是摸清底数，通过数据治理工具来收集和分析组织的数据资产，并建立数据字典和血缘图等数据资源目录，进而明确组织内部的数据在哪里以及数据间的关联。在摸清底数的基础上，要对数据进行清洗和加工，形成统一的数据格式和标准，包括对数据进行分类、标签化、标准化等处理，确保数据的质量和一致性。同时要对数据进行保护，确定数据的保存周期，制定数据备份和恢复策略，确保数据的安全性和可用性。

- **建设数据服务体系。**数据服务体系是数据中台的核心组成部分，强调数据应该通过 API 接口的方式被访问，以实现数据的共享和服务化。

- **建设数据技术体系。**数据技术体系则关注于大数据存储计算技术和数据中台工具技术组件，例如 Hadoop、Spark 等技术平台和数据集成、数据质量管理等工具组件。

- **建设数据运营体系。**包括平台流程规范执行监督、平台资源占用的监管及优化推动、数据质量的监督及改进推动、数据价值的评估、数据服务的推广、稽查排名等各项活动，以确保数据中台能够持续有效地运行并为组织创造价值。

（三）作为业务人员，如何利用数据中台助推业务增长

从数据运用的角度出发，业务人员通过利用数据中台，以数据智能的能力赋能业务，推动业务的智慧化，实现业务的优化与创新。

首先，数据中台可以帮助优化现有业务。通过分析业务现状，利用中台将多项数据可视化，进而提升资产利用率，加强整体的统筹规划。同时，通过模拟预测等手段进行综合决策，以优化现有的业务。此外，可以实现所有数据自动处理，在同一个数据服务里获取、修改、加工，并且沉淀新的服务，从而提升业务效率。利用数据中台还可以提升用户服务能力，建立统一的用户视图，分析用户画像，可以帮助企业更好地了解用户需求，提升服务质量。例如，通过对用户的消费行为、浏览历史、地理位置等数据进行分析，可以为用户提供更加个性化的推荐和服务。

其次，数据中台还可以帮助企业实现新业务的转型。数字化产品创新和数字化应用建设等都需要依赖数据的支持，数据中台的建设能够有力支撑数据与服务。此外，数据中台还可以帮助组织运营数字化资产，例如数据要素的运营，帮助组织更好地发掘数据的价值。以网易数帆为例，为企业提供一站式数据中台解决方案，从数据后台、数据中台以及业务前台，全链路保障企业管数用数需求，提供多项数据服务。

三、数据中台的下一站是什么

（一）数据中台过时了吗

随着数字化转型的深入和数据技术的不断迭代，关于中台的争议也随之而来，常见的问题是中台该做厚还是做薄等。这并非是中台本身的问题，而是不同群体在使用中台时所处的语境不同，关注点也不同。

就中台本身而言，其理念并不过时[1]。首先，数据和指标体系保持一致性的理念不会改变，且数字化程度越深，其价值越明显。其次，复用的理念不会改变。复用可以避免浪费大量的时间和资源，实现数据处理过程的标准化和模块化，降低开发成本，提升工作效率。最后，数用一体的理念不会改变。数据的使用和分析是一个需要持续迭代和完善的过程，中台提供统一的数据服务和工具，可以实现快速响应需求以及业务创新。这三点理念是中台的核心价值，强调了数据作为组织的战略资产的重要性。

虽然中台的理念并不过时，但随着技术和市场的发展，中台仍需要在具体技术架构、产品形态和商业模式上与时俱进。在技术架构方面，随着云计算、大数据、人工智能等技术的发展，组织可以采用更加灵活和可扩展的技术架构来建设中台，同时，采取相应的技术和措

[1] 艾瑞咨询. 2022年中国数据中台行业研究报告[R/OL].（2022-11-01）[2024-01-17]. https://pdf.dfcfw.com/pdf/H3_AP202211021579777821_1.pdf.

施来保障数据的安全性和合规性。在产品形态方面，随着用户需求的变化和市场竞争的加剧，组织需要提供更加个性化和差异化的产品和服务，以满足不同的需求。因此，中台需要具备高度的灵活性和定制化能力，实现产品的快速迭代和升级。在商业模式方面，随着数字化转型的深入和业务模式的创新，企业需要探索新的商业模式和赢利模式。

（二）数据中台未来方向展望

虽然中台的理念本身并不过时，但仍需要与时俱进地调整与优化。湖仓一体、增强分析、数据研发运营一体化（DataOps）等概念层出不穷，未来仍需将这些概念与数据中台相互补充和协同工作，为组织提供全面的数据管理和分析能力。

1. 湖仓一体：一体化的数据底座

湖仓一体（Data Lakehouse）指的是一种新的数据架构，融合了数据仓库和数据湖两者的优势，形成一体化、开放式的数据处理平台[1]。湖仓一体打破了数据仓库与数据湖之间的壁垒，将数据仓库构建在数据湖低成本的数据存储架构上，从而降低了存储成本，同时具备数据仓库的数据处理和管理能力，这能够有效提高数据质量，减少数据冗余。

以星环科技为医院提供的湖仓一体数据平台解决方案为例

[1] 张纪元. 以湖仓一体的思路建设运营商数据中台[J]. 中国电信业，2022（11）：46-49.

（图4-4）[1]。为了解决医院存在数据重复加工、数据冗余、多模态数据融合难、实时数据处理难等问题，星环科技为医院提供了“医院湖仓一体数据平台”。在无须改造医院现有各类信息系统的基础上，通过将医院数据中心与医疗应用分层解耦，基于多模型大数据平台统筹建设医院数据中心。同时，面向临床、管理、科研按需提供统一数据服务，避免造成不必要的数据重复采集和接口对接，加强了医院数据的管理。

2. 数据研发运营一体化：数据开发的新范式

数据研发运营一体化（DataOps）[2]打破了协作的壁垒，构建了集开发、治理、运营于一体的自动化数据流水线，这种面向流程的自动化方法旨在提高数据质量并缩短数据分析的周期时间。DataOps 将极大地提高人们使用数据的效率并降低使用数据的门槛，组织可以更快、更早、更好地开始使用数据，并且成本和风险更低。中国信息通信研究院在《大数据白皮书（2021）》中将 DataOps 定义为数据管理的升级，强调构建从数据生产端到数据消费端的数据流，实现静态数据管理与动态数据流的融合，而这一融合过程通过“开发治理一体化”实现。DataOps 和数据中台的区别在于，DataOps 更侧重于过程和操作，而数据中台更侧重于结构和基础设施。

[1] 孙婧. 星环科技：湖仓一体化，让医疗行业多模态数据融合成为现实[EB/OL].（2023-10-08）[2024-01-17].https://www.hit180.com/64285.html.

[2] 肖文彬，李雨霏，张湛梅. 基于DataOps的运营商大数据平台探索[J]. 信息通信技术与政策，2022（2）：55-60.

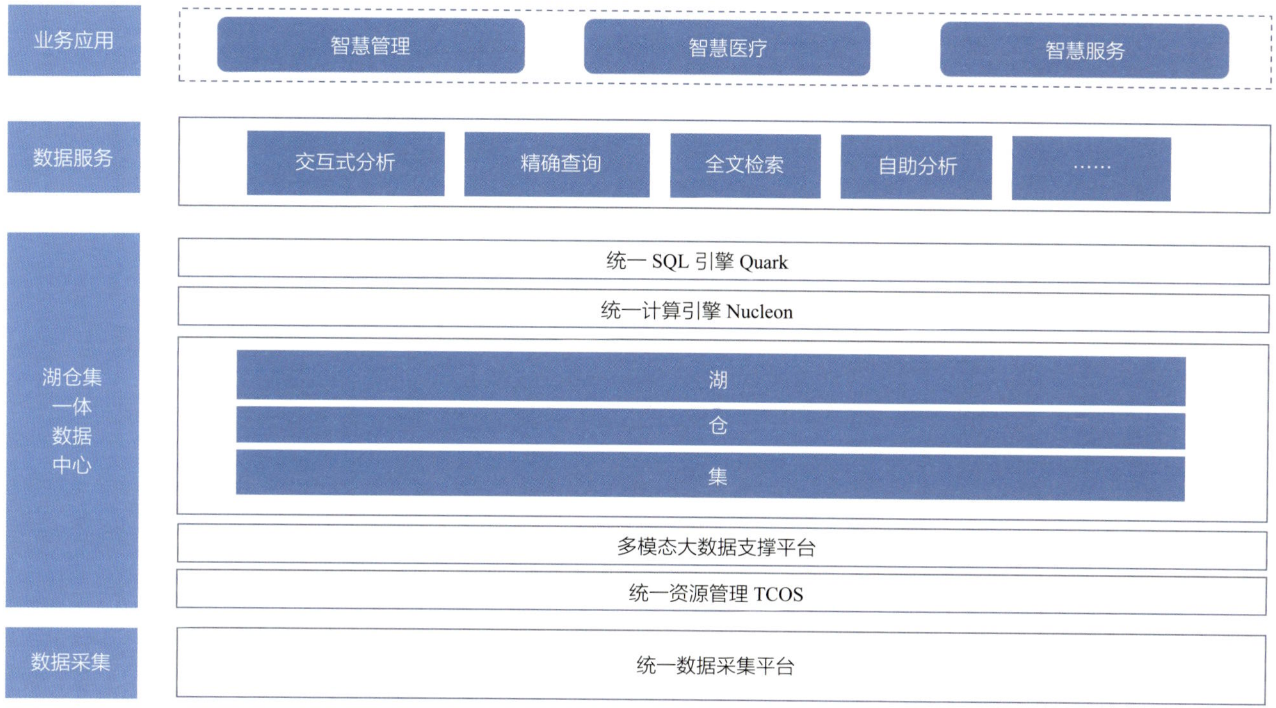

图 4-4　星环科技：医院湖仓一体数据平台解决方案

以北京银行数据研发工作站为例[1]。北京银行基于微服务架构自主研发了一站式数据开发运营一体化 DataOps 平台，以建立高效数据智能研发运维流水线，在数据研发运营过程中降成本、增能效、提质量，促进自主掌握。通过面向行内数据底座的数据加工，服务于相应区域的模型人员、开发人员及总行和分行科技人员。北京银行 DataOps 建设，将数据从需求到结果的全部流程实现线上化，在数据采集、数据入湖、投产部署等关键环节实现“零代码”，推广零售数据集市、对公数据集市、监管数据集市等 18+ 数据处理系统进行全生命周期开发使用，有效促进了流程标准化、交付自动化、开发线上化、资产可视化，交付效能提升 50% 以上。同时，将敏态数据研发模式推广至 17 家分行，提升整体的数据交付能力。在研发过程中持续将组织过程资产进行留存和共享，数据标准、数据调研、元数据、数据模型等信息实现了企业级共享，保证信息一致性，减少了重复沟通的成本。

3. 增强分析：提升数据分析能力

增强分析（Augmented Analytics）被视为数据分析与人工智能、机器学习结合的产物，强调通过机器学习、自然语言处理等智能化技术提升数据分析工作的自动化程度。2021 年，高德纳（Gartner）在其发布的《Hype Cycle for ICT in China, 2021》中对其做了最新的定义[2]，指出“增强分析”包括机器学习和人工智能，通过将机器学习和

[1] 数治网编. Zed案例 | 北京银行：提升数据生产力的 DataOps 建设与实践[EB/OL].（2023-11-08）[2024-01-17].https://dtzed.com/libs/2023/11/8369/.

[2] Gartner Research. Hype Cycle for ICT in China, 2021[R/OL].（2021-07-13）[2024-01-14]. https://www.gartner.com/en/documents/4003537.

人工智能应用于现有的操作流程中，使数据管理和分析自动化，它使更多的用户获得更深入的洞察力，减少了当前依赖 IT 处理带来的效率问题和口径偏差。随着 2023 年生成式人工智能技术的火热，“增强分析”在数据分析领域的应用受到各方关注。

以阿里云的 Quick BI 数据可视化分析平台为例。该产品凭借增强分析、数据中台矩阵化产品优势和电商领域的专业度，连续四年入选高德纳《2022 年商业智能和分析平台魔力象限报告》。该产品可以无缝对接各类云上数据库和自建数据库，大幅提升数据分析和报表开发效率，可以实现零代码拖拽式的极简操作交互，让业务人员能轻松实现大数据分析。其也被应用于搭建企业数据中台，如在零售行业中，用于解决数据分散、用户群体划分口径不同、无法即时获取所需分析等问题，整合散落的消费者数据，统一划分消费者生命周期，发现客户价值与客户的主客观需求，并洞察沉睡或流失客户，指导业务运营人员在各环节做出针对性策略。

第五章

构建业务中台

在移动互联网、云计算、大数据等先进技术的支撑下，数字化对社会和政务服务的冲击不断加深，为适应政府、企业的发展要求，我们需对数字政府、企业的技术架构进行变革，建立敏捷迭代、弹性扩展、适应数据开放及共享的新一代技术架构体系，通过共用一些能力来快速响应各种变化。中台战略应运而生。

中台战略是支撑数字化转型的基础，其核心是打破传统僵化的前、后台运营模式，重组组织和业务架构，为政府、企业提供更灵活、更具创新性的服务，并能实现协同共享和多技术融合的核心数字化能力。然而，2021 年以来，随着阿里巴巴、字节跳动等互联网大厂以“中台战略升级”为名“拆中台”“做薄中台”，甚至引发了“大厂拆中台”的舆论狂潮。对中台战略的质疑声不断，同时也告诉我们中台并不能包治百病，究竟什么样的政府、企业需要中台？到底要怎样做才能最大限度发挥中台价值？

本章将聚焦业务中台，从业务中台的缘起、价值和面临的挑战以及建设路径三方面展开，为政府、企业制定中台战略提供参考。

第一节

业务中台从何而来

专栏 5-1

美军“特种部队”模式[1]

美军的特种部队（小前台）一般只有十几人或几人组成，但是却能以少胜多，取得战斗的胜利。究其原因是美军独特的作战体系，特种部队作为整个作战体系的“小前台”，而“中台”由海陆空炮火群及先进的通信和定位科技构成，为“前台”提供各种资源支持和精准的炮火打击。“特种部队（小前台）+航母舰群（大中台）”的模式使得前端业务能力能轻便灵活地适应市场需求，“中台”在整合业务资源和数字资源的基础上使用统一标准和规范，并提供统一的对外输出服务。

[1] 钟华. 企业IT架构转型之道：阿里巴巴中台战略思想与架构实战[M]. 北京：机械工业出版社，2017.

专栏
5-2

Supercell 游戏公司

超级细胞（Supercell）是一家来自北欧的具有超高人均产值的游戏公司，180 人的团队干出了腾讯整个团队的业绩。Supercell 的开发团队崇尚小而精，每支开发团队由 5~7 名员工组成，称为一个“细胞（cell）”。“cell”可自主决定产品的定位，以最快速度推出产品公测版，根据市场反馈决定是否进行迭代。强大的“中台”成为支撑 Supercell 的核心动力，通过将游戏内核的很多能力、素材等抽象内容沉淀为公共能力，沉淀于“中台”中，以供上游的“cell”可以敏捷低成本地试错，快速找到市场用户需求。

一、业务中台演进史

中台的演进路径。中台的发展经历了单一系统、中心化、平台化等阶段，从相互割裂的单一系统逐步发展为从业务中抽离公共能力的中台体系，用户需求响应更加及时、企业与政府服务效率和质量大大提升（图 5-1）。

第一阶段：单一系统。单一系统是为满足某项特定业务需求而构建的信息系统。业务需求相对简单且需求量有限，通过构建单一系统能够满足核心业务数字化的要求。例如早期的淘宝，以小团队的模式运营一个业务系统，个人技能成为影响效率的关键。

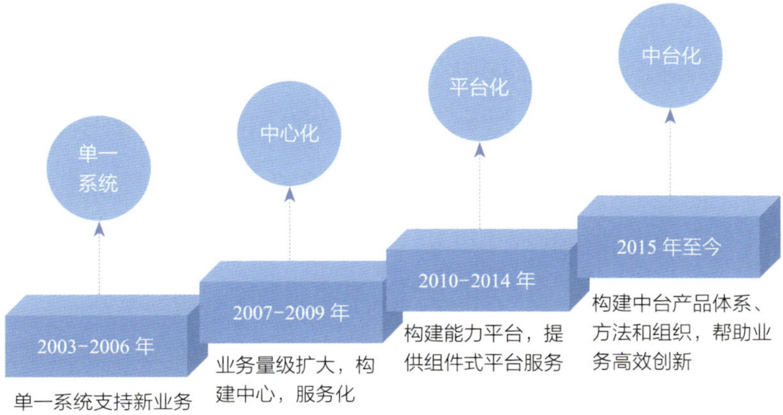

图 5-1　业务中台的演进史

第二阶段：中心化。随着业务的发展，单一系统不足以支撑业务多样化的演变趋势，业务团队的规模也从单一系统的几十人上升到几百上千人。该阶段将原有的单一系统拆分为多个高内聚、低耦合的中心化系统，从整体上形成分布式业务系统。例如交易中心、商家中心、订单中心、用户中心等。同时根据业务类型将人员规整至较集中的小团队，中心化系统可以独立设计、按需求发布，研发效率和系统稳定性都得到了较大的提升。

第三阶段：平台化。当商业模式愈发丰富，企业将原有业务拆分为不同事业部来支持独立商业模式的创新。例如阿里巴巴将淘宝拆分为淘宝、天猫和一淘三个独立事业部，其业务中心开始进入平台化阶段，即将通用性强的基础能力与业务特性进行拆分，并将业务和业务之间的逻辑进行隔离，其关键点为业务抽象建模和系统架构的开放性。

第四阶段：中台化。伴随着商业版图的扩张，生态、业务和系统的复杂度也持续升级，当业务逻辑涉及的系统数量较多时，研发效率和业务响应速度仍会受到影响。例如一份商品的交易过程往往涉及商品发布规则、交易规则、营销规则等分散在不同系统中的规则，需要不同生态进行高效协作。为解决信息获取成本高、互联互通成本高、服务具有不确定性和低水平重复建设的问题，业务中台应运而生，通过构建中台产品体系、方法和组织，帮助业务实现高效创新。

组织为什么要平台化？上文中提到了平台化能帮助组织沉淀通用能力，在一定程度上避免低水平重复建设的问题，同时，组织也能通过平台化提升企业服务、政府服务的效率和水平。

专栏 5-3

海尔组织中台“平台 + 小微企业”

历经品牌自营、平台化、生态化，海尔逐步从产品型企业向生态型企业转型。其组织演变成“小前台、大中台、强后台”的平台型组织结构，构建了多个平台来赋能小微企业为用户持续创造价值，形成了“平台 + 小微企业”的生态新模式。

平台化后中台的产生成为必然。平台化的影响对象主要包括前台和后台。前台是由各类前台系统组成的前端平台，是链接用户与企业的触点，即企业的最终用户直接使用或交互的系统，例如用户直接使用的网站、手机 APP、微信公众号等。后台是由后台系统组成的后端平台，其创建之初是为了实现后端资源的电子化管理，解决企业管理的效率问题，例如 ERP、CRM、财务系统等。前台与后台的定位分工各不相同，前台靠近用户，需要适应用户多样化的业务需求，因此要快速更新迭代，而后台的主要诉求则是高稳定性。随着业务的不断发展壮大，烟囱式建设、“前台 + 后台”的齿轮速率“匹配失衡”等问题逐步显现，为了能更好地服务前台做好规模化创新，中台的出现成为必然（图 5-2）。

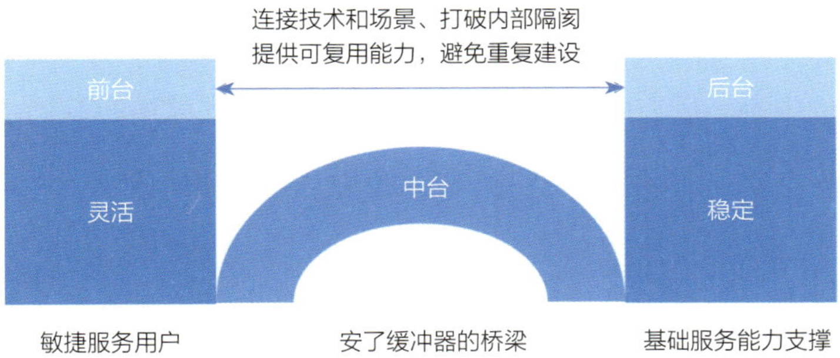

图 5-2　中台的桥梁作用

二、什么是业务中台

业务中台的概念。最早由阿里巴巴集团提出，指的是建立在核心业务之上的通用能力复用体系，包括核心技术能力和基础设施能力。而后业务中台的理念被推广应用在众多行业，也延伸出了更丰富的含义。例如在《数字政府 2.0：数据智能助力治理现代化》中对政务业务中台的定义为：数字政府应用中枢，面向政务服务领域，采用互联网架构、可落地的业务赋能平台；整合政务服务资源，将政务服务的业务、经验等模型能力进行沉淀，形成政务服务共享能力体系。[1]

业务中台的定位。业务中台的主要职能是为了沉淀业务通用服务能力，以服务化形式提供公共业务组件，为企业快速变化的场景化业务应用提供专业、稳定、高效、安全的共享服务，提升前端应用开发效率，快速响应实现创新需求，实现业务创新、数据共享和业务能力协同发展。企业的业务中台提供的通用能力包括用户中心、账户中心、会员中心、产品中心、渠道中心、服务中心、交易中心、制度中心、评价中心、风控中心、API 共享中心、数据支撑中心等通用中心组件。政务业务中台提供 OCR 模块、NLP 模块等通用能力组件。

三、为什么要建业务中台

伴随着组织业务趋于稳定、管理制度趋于全面、流程趋于规范，组织逐渐走向“向管理要效益”阶段。搭建业务中台往往需要满足两个关键条件：

一是业务同属性且多样化。业务同属性且多样化是指各个业务的大类属性应该是相同的，如打车软件的专车、快车、顺风车等各种模式都属于同属性，专车、快车、顺风车是同属性下的不同形态。

[1] 张建锋. 数字政府2.0：数据智能助力治理现代化[M]. 北京：中信出版社，2019.

二是创新业务的需求具有持续、高频的特征。创新业务需要持续、高频是因为业务中台在解决存量问题的实践中收益有限，中台需要能够支撑源源不断的新业务，从而达到逐渐降低边际成本的作用。

专栏 5-4

滴滴出行业务中台

背景分析：出行业务的需求与逻辑相似，出租车、快车、专车，无论是功能需求还是交易流程都十分相似。如果不同的工程团队都开发同样一套出行流程、交易流程，技术深度很难做得深入，同时会造成人力成本飙升。

中台赋能：多样化打车的业务本质是出行，出行本质上有协同效应，通过构建业务中台，滴滴出行在逐步增强多样化打车方式的协同性、提升研发效率、节约人力与管理成本的同时，还优化了用户体验。

第二节

业务中台过时了吗

一、业务中台的价值是什么

业务中台的历史演变显示，在业务快速增长的阶段，为了保证业务部门的高度自主性，各部门往往独立开发自己的业务系统。这种做法虽然在短期内看似高效，但随着时间的推移，却会导致诸多问题，如重复建设、资源浪费、标准不统一和沟通协作上的障碍等。这些问题最终促使了“大中台、小前台”架构模式的诞生。在这种模式下，“大中台”的角色尤为关键，它不仅集成了运营数据能力和产品技术能力，还能有效支持前台业务快速、灵活地应对市场变化。

具体来说，业务中台的核心价值体现在以下几个方面：

● 提高业务效率：业务中台通过整合业务流程和数据，避免了重复的开发和维护工作。这种集中管理和优化的方式大大提升了业务处理的效率和质量。

● 提高业务灵活性：业务中台的可配置和可定制特性使得业务部门能够迅速适应市场的变化和业务需求的更新。这种灵活性是传统业务模式难以比拟的，它使企业能够在竞争激烈的市场中保持领先地位。

● 促进业务创新：业务中台打破了不同业务领域间的隔阂，促进了跨领域合作与创新。这种跨界合作不仅加速了新产品的研发，也开拓了新的市场和业务机会。

此外，业务中台还具有以下附加价值：

● 数据驱动的决策制定：通过集中的数据管理，管理者能够更有效地分析市场趋势和用户行为，从而做出更精准的决策。

● 资源优化配置：中台架构使资源配置更为高效，减少了资源的浪费，提高了整体的运营效率。

● 风险管理与合规性：中台的统一管理架构有助于更好地监控和管理风险，确保业务合规。

总结来说，中台并不适用于每个组织的每个阶段。曾任阿里巴巴集团首席执行官的张勇就警示：在独立业务拓展期、突破期，“一定用独立团、独立师、独立旅建制来做”，否则就会变成瓶颈；但发展到一定阶段，出现太多山头时，“就要关停并转、要合并同类项。问管理要效率，取消重复性建设”。

那么对于的确有需求建设中台的业务方，如何在中台实际运营过程中检验中台的价值呢？由于中台是成本部门，价值无法直接体现在盈利上，而是通过量变积累成质变，从而帮助企业节约成本、挖掘剩余价值，赋能组织和提高创新能力。那么该采用什么标准来检验中台的价值？——需要开展以下关键分析：

● 成本效益分析：评估前台应用整合中台服务的成本，包括时间、人力和资金；比较中台服务的使用与传统独立开发方式的成本差异，以及中台服务是否显著减少了前台开发的工作量。

● 质量与响应速度：分析研发流程的长度和复杂性，评估中台服务是否简化了这一流程；考察中台能否提供快速、灵活的响应机制以适应业务变化和市场需求。

● 服务利用与拓展：监测前台应用接入中台的数量，分析中台服务的应用广泛程度和下沉数量；评估中台服务的可拓展性和在不同业务线中的应用效果。

● 长期效益评估：理解中台提升的不仅是单一维度，如某条业务线的效率、某个产品的收益，更是在空间和时间两个维度上提升“大”效率。从空间角度看，虽然中台不直接参与业务操作，但其对业务的间接利益显著。从时间角度看，中台建设的某些部分可能是前置储备，短期内效果不明显，但长期来看将大大提升效率和创新能力。

因此需要着重把握的是，中台建设的终极目标就是通过复用与数据共享，提升“大”效率。通过这些评估标准，政府部门或企业能够尝试全面理解业务中台的价值，从而更有效地指导和优化中台战略。

专栏 5-5

上海“一网通办”政务中台[1]

建设内容：上海“一网通办”政务中台从业务、数据、应用三个方面持续构建中台能力，逐步形成统一标准、解耦建设、相互支

[1] 陈炳，方海宾，赵文文. 政务中台在数字政府建设中的作用初探[J]. 华东师范大学学报（自然科学版），2020（5）：131-136.

撑的政务中台体系。业务中台以线上线下融合协同为目标，为线上总门户和线下综合窗口赋能；数据中台通过数据归集、治理和应用，将分散、孤立的政务数据汇聚、整合成标准统一、可共享应用的数据能力；运营中台依托“一网通办”向各区、各部门提供统一运营管控功能，便于各区各部门以内容、应用、工具三种方式接入统一的政务服务生态中。

中台价值：“一网通办”总门户自2018年10月17日正式开通以来，个人实名用户已有8146万，接入事项3668项，法人用户数达339万，累计办件超过4亿件，2023年日均办件量超过37万，实际办件网办率从不足20%提升至81.6%。政务中台为“一网通办”的整体性、统一性和品牌化提供全面支撑，促进“一网通办”功能更强、体验更佳、口碑更好、品牌更响。

二、业务中台面临的挑战是什么

前文已经介绍过关于中台的关键认知，我们对于中台的优点和价值有了较为全面的了解，那么是否可以着手开始建设中台了呢？在此之前，我们还需要了解一下中台建设面临的难点与挑战。根据前文的描述，中台的目标是通过复用提高效率，但是复用涉及组织形式和资源分配原则的变革，涉及多方利益博弈，会出现很多质疑的声音，例如：

● “中台能比前台业务更懂业务吗？”：这是一个关键问题，因为中台的目标是服务于整个组织的多个部门，这就要求中台团队对各个业务领域都有深入的了解。

● “中台先满足谁的需求？”：确定哪些需求应该首先被满足也是一个难题。中台需要平衡不同部门的需求，并确定哪些需求对整个组织最为关键。

● “实现这个功能，为什么需要一个月？”：中台项目的复杂性可能导致开发周期较长，无法及时响应业务需求。

● “业务部门自建还是由中台团队建设？”：决定某个业务功能是由业务部门自己建设还是由中台团队来建设，需要考虑资源效率、专业技能和长期战略。

● “对接中台太过复杂？”：中台的对接可能会涉及复杂的技术和流程问题，需要良好的前期规划和管理流程，以确保顺畅集成和使用。

总结起来就是有以下三个方面的矛盾：

● 稳定与创新之间的矛盾。这种矛盾体现在中台架构引入的变革可能与现有的工作流程和组织文化发生冲突。中台的引入往往要求更加灵活和创新的工作方式，这可能会打破长期以来形成的稳定结构和流程。

在推动创新的同时，还需保持一定的稳定性，以确保业务的连续性和员工的适应性。这需要在维持现有成功模式的基础上，逐渐引入新的思维和工作方式。

● 局部与整体之间的矛盾。中台架构的设计是为了服务于整个组织，但它可能不完全符合某些特定部门或业务单位的特定需求。这种矛盾在快速发展的业务领域尤为明显，因为这些领域的需求更加多变和个性化。

解决这种矛盾的关键在于寻找一个平衡点，即在不牺牲整体效益的前提下，尽可能满足局部的特殊需求，这需要更加灵活和模块化的中台设计。

● 短期价值与长期价值之间的矛盾。中台建设通常需要大量的人力和物力投入，而且效益的体现可能是长期的。这意味着在短期内可能看不到明显的回报，这在资源紧张的情况下尤其具有挑战性。

解决这个问题的关键是明确中台建设的长期战略价值，并通过逐步实施和早期成果的展示来获得持续的支持和投资。

这些难点和矛盾会给中台发展带来巨大的阻碍，因此在确定要建设中台后，应开展以下四个方面的升级：

● 战略升级。中台是“一把手工程”，将中台建设纳入公司的顶层设计，确保它与公司的长远目标和愿景紧密相连。这意味着中台不仅仅是技术或运营的项目，更是公司转型和发展的关键部分。

在实施中台战略时，需要细分阶段和里程碑，确保每一步都有明确的目标和评估标准，以便及时调整和优化战略方向。

● 组织升级。重构组织架构，确保中台的工作与各业务部门的需求和发展紧密结合，从而形成新的团队结构、职能和角色。

促进部门间的沟通与协作，不能自己开发后没人用，因此需要建立跨部门的协作机制和平台，确保中台的工作能够得到各部门的支持和参与。

● 流程升级。审视和优化现有工作流程以适应中台的需求。这可能涉及流程的重新设计、引入更加灵活和自动化的流程管理工具。

推动标准化和统一化的流程，不仅有助于提高效率，还有助于减少重复工作和保持数据一致性。

● 技术升级。引入和使用最新的互联网技术，如云计算、大数据、人工智能等以提升中台的技术能力和服务水平。

对现有的 IT 基础设施进行升级和优化，以支持更加高效和灵活的业务操作，同时降低成本和提高效益。

三、业务中台的未来发展趋势

自阿里巴巴在 2015 年提出中台概念以来，许多主要的互联网公司开始构建各自的中台系统，同时一些省级政府部门也开始尝试类中台的架构，中台已成为提升业务效率、运营能力和用户体验的关键平台。这一集中化、统一的管理和服务平台，已经证明了其在支持业务发展方面的重要价值。然而，随着阿里巴巴“1+6+N”战略变革的宣布，并调整其维护了 8 年之久的中台架构，业界对中台概念的有效性提出了广泛的质疑。当中台趋向轻薄化，中台还有未来吗？答案是肯定的。中台未来将往轻薄化、生态化以及高效化发展。

（一）轻薄化

未来的中台将趋向于更加轻量和灵活，这意味着它们能够快速适应业务变化和需求。轻薄化的中台不仅能提高数据处理和共享的效率，还增强了业务的敏捷性。这种轻量化的趋势也体现在中台的维护和升级上，企业能够更快速地响应市场变化，同时减少了对资源的依赖。

（二）生态化

中台不仅是政府、企业内部的枢纽，更是连接政府、企业与外部环境的桥梁。未来的中台将更加注重打造开放的生态系统，为合作伙伴、用户甚至竞争对手提供接入和交互的平台。生态化的中台能够为政府、企业带来更多合作机会，促进知识和资源的共享，从而提高整个生态系统的创新能力和竞争力。

（三）高效化

中台的技术框架和支撑技术将持续演进。云原生技术、微服务架构和低代码平台的应用将使中台更加高效和易于管理。这些技术的应用不仅提高了业务开发和部署的效率，还使得中台能够更好地支持复杂和动态变化的业务需求。

第三节 如何构建业务中台

接下来，本节将以企业电商业务为例介绍业务中台建设的具体路径。假设企业电商业务线分为个体商家和企业商家两条业务线，每条业务线有可重复使用的功能，随着业务发展和用户规模的增长，为了快速响应市场需求，决定通过构建中台来应对当前业务发展的问题。中台建设的实施步骤可分为三大步：

● 业务抽象：包括业务梳理、需求调研、流程抽象和抽取共性合并四个部分；

● 架构设计：包括整体架构设计、核心数据流规划和前后台对接三个部分；

● 运营推广：包括需求管理、质量管理和运营推广三个部分。

一、业务调研与抽象

（一）业务梳理

在业务中台的建设过程中，首先要对两条电商业务线（个体商家和企业商家）进行全面的业务梳理。通过创建“业务线＋产品＋功能”的产品模块全景地图，帮助企业更清晰地理解各业务线的功能和作用，同时识别和整合重复的功能模块，可以有效避免业务线在未来发展过程中的重复建设，提高资源的利用效率，降低成本。具体可分为以下五步。

第一步，详细梳理三条业务线的核心功能和业务流程，包括客户管理、订单处理、支付系统、物流和供应链管理等关键领域。第二步，识别共性和特性能力，确定哪些功能在两条业务线中是共有的，哪些功能是特定于某一业务线的。共性功能包括订单管理系统、客户数据库等，而特性功能涉及特定业务线的定制服务或特殊需求。第三步，创建产品模块全景地图，将每条业务线的产品和功能视觉化地表示出来。这不仅有助于理解每条业务线的结构和功能，还能清楚地显示功能间的相似性和潜在的重叠。第四步，在全景地图的基础上，识别那些相似或重复的功能模块，并规划如何进行整合或优化。例如，如果订单处理系统在所有业务线中都相似，那么可以考虑建立一个统一的订单处理平台。第五步，业务中台建设是一个持续的过程。随着业务的发展和市场的变化，新的功能模块会被添加，而旧的模块需要被调整或淘汰。因此，全景地图应该是动态的，需要定期更新，以确保它始终反映当前的业务状况。

根据上述步骤，梳理出案例中两条业务线的产品模块全景地图，如表 5-1 所示。从表中可知，个体商家和企业商家两条业务线存在多个相似的功能模块，具体包括会员管理、商家管理、产品管理、订单管理、账务管理、营销管理、客服管理等。

表 5-1　电商产品模块全景地图

业务线 1	产品	功能	业务线 2	产品	功能
个体商家	购物 APP	会员管理	企业商家	购物 APP	会员管理
		商家管理			商家管理
		仓储产品管理			第三方产品管理
		订单管理			订单管理
		账务管理			账务管理
		营销管理			营销管理
		客服管理			客服管理

此外，对于一些新增模块，如何判断是否需要业务中台化？我们可尝试从量化业务模块之间的共性角度来判断它是否适合集成到中台架构中。一种比较粗略的衡量方式即可计算“相似度”，公式如下：

相似度 =（相同输出通道数 + 相同输入通道数）/ 总通道数 [1]

其中相同输出通道数指的是两个业务模块中，输出通道（即输出数据或信息类型）相同的数量。输出通道可能包括各种数据流、报告、用户界面元素等。相同输入通道数指的是在两个业务模块中共有的输入通道的数量。输入通道指的是接收的数据或信息类型，如用户输入、数据源等。总通道数指的是两个业务模块中输入和输出通道的总和，反映了模块的复杂性和功能范围。

高相似度表明两个模块在功能和数据处理上有较大的共通性，因

[1] 刘天. 中台产品经理宝典：从业务建模到中台设计全攻略[M]. 北京：电子工业出版社，2020.

此它们可能是适合中台化的候选对象。相反，低相似度可能意味着每个模块具有独特的业务需求，可能不适合中台化。

我们案例中个体商家和企业商家两条业务线中，产品模块都有包括商品品牌、品名、商品货号、上市时间、商品类型、尺寸、商品价格，唯一不同的是商品的供货方不同，即个体商家有 8 个通道，企业商家也有 8 个通道，但是有一个通道不同，根据相似度计算公式可得：

$$相似度 =（7+7）/（8+8）=87.5\%$$

这表明，虽然订单模块在不同的业务线都有体现，但相似度比较高，可以记录一次预复用。同样的，可以将不同业务线各类模块进行交叉比较，统计出模块的预复用次数，从而预估模块业务中台化的需求急迫程度。

相似度判断作为一种量化工具，可以帮助我们客观地评估不同业务模块间的共性和差异。除了基于输入输出通道的基础公式，我们可以引入更多的参数来提高判断的精确度。例如，可以考虑模块的数据类型、处理逻辑的复杂度、用户交互模式等因素。通过这样的多维度分析，我们不仅能够评估模块间的表面相似度，还能深入了解它们在处理逻辑和用户体验上的共通性。

进一步，我们可以进行自动化相似度的计算。通过训练模型识别和比较模块间的不同特征，我们可以获得更为精确和动态的相似度评估。这种方法特别适用于大型企业，其模块众多且不断变化，手动评估的效率和准确性可能不足。

除了上述提到的相似度计算公式，还可以引入更多维度的考量。例如，可以考虑模块之间的功能重叠度、数据依赖关系、业务逻辑的复杂性等因素。这些因素的综合分析有助于更准确地判断模块的复用潜力。

另外，可以考虑模块的可扩展性和灵活性。如果一个模块设计得足够通用，可以通过参数或配置的变更来适应不同业务需求，那么它的中台化价值会更高。这种情况下，即使模块间的直接相似度不高，由于其可扩展性强，也可能是中台化的良好候选。

还有一个重要的考量是技术架构的兼容性。模块是否能够无缝集成到现有的业务中台架构中，是决定其是否适合中台化的关键因素。这需要技术团队深入了解现有架构的限制和潜力，以及每个模块的技术特点。

（二）需求调研

这里的调研分析不同于传统的系统调研，需要以面向中心的思想来探讨业务，核心是各领域中心的结构和运行机制。各中心的设计需要满足业务流程的需要，同时在业务调研过程中进行领域模型的探讨，反复思考，逐步弄清晰业务领域的边界。调研时，要重点关注以下几个方面：业务流程瓶颈，识别现有流程中的效率瓶颈和潜在的改进点；系统功能需求，了解业务人员对现有系统功能的满意程度和额外需求；数据处理和分析需求，探讨现有数据处理方式的不足和对数据分析工具的需求；跨部门协作问题，识别在不同部门间协作过程中出现的障碍和流程不畅的问题；技术支持和培训需求，了解业务团队对技术支持和系统操作培训的需求。

可事先准备调研问题，例如：

“你在操作过程中遇到了什么问题？”

“你在哪种情况下感觉系统不能满足业务流程？”

“你当前的运营重点是什么呢？”

“系统是不是没有足够的数据支撑，哪些内容没有得到有效的处理？”

……

在调研反馈中凝练出具体的诉求，如：

流程优化和自动化需求，基于调研结果，识别哪些流程可以通过自动化来提高效率。

对现有系统的改进，根据业务人员的反馈，确定现有系统哪些部分需要优化或重新设计。

未覆盖的功能区域，找出当前系统未能覆盖但业务部门急需的功能。

数据一致性和可用性，确保不同系统间数据的一致性和可用性，以支撑有效的决策制定。

最后，将调研结果转化为具体的解决方案和实施计划。这包括确定哪些功能应首先开发，哪些流程需要优先优化，以及如何在整个组织中推广新系统。通过这种详细和系统的需求调研过程，业务中台建设能够更加贴合实际业务需求，从而有效地提升整个组织的运营效率和决策质量。

（三）流程抽象

在明确需求之后，接下来就需要对业务流程进行抽象，旨在创建适用于政府部门或企业的统一业务模型。首先，流程抽象的核心是理解和提炼各个业务流程的共性和差异性。这个过程不仅是对现有流程的简单复制或汇总，也是需要深入分析和理解每个流程的本质和核心要素。为此，可以采用以下方法。

业务流程映射：绘制每条业务线的详细流程图，包括主要的业务活动、决策点、数据流向等。这有助于全面理解现有流程的结构和关键环节。

关键环节识别：在每条业务线的流程图中，识别关键环节和瓶颈，这些是抽象模型中需要特别关注的部分。

共性和差异性分析：对比不同业务线的流程图，找出它们之间的共性和差异性。共性部分是构建通用模型的基础，而差异性部分则指出了需要定制化处理的区域。

接下来，是建立业务通用模型的过程。

构建初步的通用模型：基于流程映射和关键环节的识别，构建一个初步的通用业务模型。这个模型应涵盖所有业务线的共性元素，如用户中心、商品中心等。

迭代和优化：将初步的通用模型应用于各业务线，收集反馈，并根据实际情况对通用模型进行迭代和优化。这个过程可能需要多次调整，以确保模型既具有通用性，又能灵活适应各业务线的特殊需求。

标准化和文档化：对最终的通用业务模型进行标准化处理，并创建详细的文档。这有助于确保模型的一致性和可维护性，并为后续的培训和实施提供支持。

在电商业务中，沉淀各条业务线的通用模型有用户中心、商品中心、交易中心、客服中心。作为电商公司的根本流程就是：让**用户找到自己想要的商品并完成下单。**

梳理用户在个体商家和企业商家业务线的下单购物流程；将对两条业务线的分析结果进行合并，形成业务通用模型。这样，两条业务线的通用模型建立起来了，从图 5-3 中我们也可以看出两条业务线虽然各自业务不同，但是剥去那些枝叶后整个业务流程是一致的。

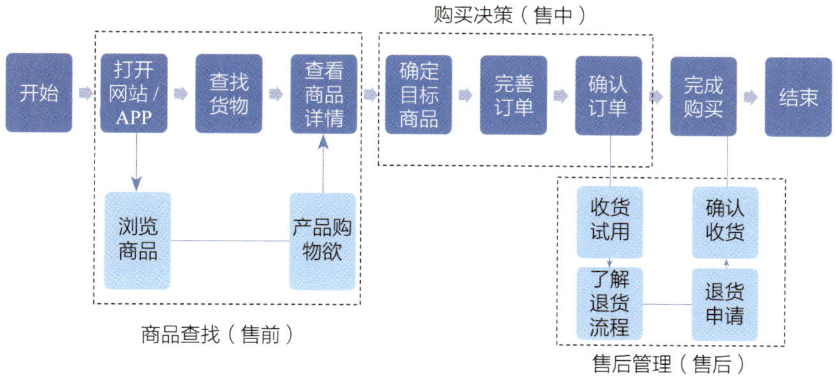

图 5-3　电商平台用户决策流程

（四）抽取共性并合并

接下来，我们要将共性抽取出来合并到通用模型中。本案例中通用模型包含用户中心、商品中心、交易中心和客服中心。

用户中心：建立一个全面的用户管理系统，提供统一认证服务和通用唯一标识符（UUID），还可以集成用户行为分析、用户偏好设置以及个性化推荐算法，功能模块包括用户信息的安全存储、访问控制、用户活动跟踪以及集成分析工具。

商品中心：构建一个灵活的商品管理系统，接收来自仓库、供应商、采购系统的商品信息，提供品牌创建、SKU 编辑等商品标识维度管理功能，同时还可实现更复杂的价格管理、库存预警以及跨平台商品信息同步，支持多种商品分类、价格策略、库存管理以及与其他系统（如财务、销售）的集成。

交易中心：开发一个全面的订单管理系统，实时处理来自仓储管理系统（WMS）的库存信息；在订单生成后根据订单信息向 WMS 发出发货指令，实现订单生命周期管理、支付处理集成、物流跟踪以及订单分析报告。

客服中心：建立一个综合的客服管理系统，提供售前售后咨询服务，集成客服机器人、用户满意度调查、常见问题自助解答库和客户投诉管理系统，支持电话、电子邮件和在线聊天，以及客户反馈和投诉处理机制。

根据这些中心的功能可以进一步细化到通用模块与功能点，从而获取能力开发大纲（表 5-2）。

表 5-2　能力开发大纲[1]

能力中心	公共模块	公共功能
用户中心	用户管理	身份识别
		会员管理
		账户存储
		用户分析
商品中心	商品管理	商品维护
		价格策略
		商品类型
		商品检索
		商品评价
		商品推荐
		库存管理
		商家管理
交易中心	订单管理	支付处理集成
		订单分析
		结算提现
	营销管理	活动类型
		活动规则
		奖励设置
		内容设置
		主题设置
		优惠管理
	物流管理	物流跟踪

[1] 刘天. 中台产品经理宝典：从业务建模到中台设计全攻略[M]. 北京：电子工业出版社，2020.

续表

能力中心	公共模块	公共功能
客服中心	客服管理	客服列表
		消息管理
	服务管理	角色权限
		满意度调查
		系统设置

二、架构设计

（一）整体架构设计

在明确了通用功能之后，需要设计整体架构。业务中台的整体架构以中心为最小单元进行设计，包括功能层级的架构和技术层级的架构。

功能层级的架构（图 5-4）需要描述业务中台在整个数字平台中所处的位置，业务中台由哪些中心组成以及中心与应用、中心与后台的交互关系。功能层级的架构承接了企业的应用蓝图规划，指导企业各 IT 系统的职责划分与定位。重点需要考虑以下三方面。

中心间的协同与集成：明确不同中心之间的数据流和控制流，确保它们能够无缝协同工作。例如，用户中心、商品中心、交易中心等应该能够共享数据和业务逻辑，同时保持各自的独立性和专业性。

与外部系统的集成：除了内部中心间的交互，还需要考虑业务中台与企业现有系统（如 ERP、CRM）以及外部合作伙伴系统的集成。

动态调整与扩展能力：考虑到企业业务的不断发展和变化，功能层级架构需要具备动态调整和扩展的能力，以适应新的业务需求和技术变化。

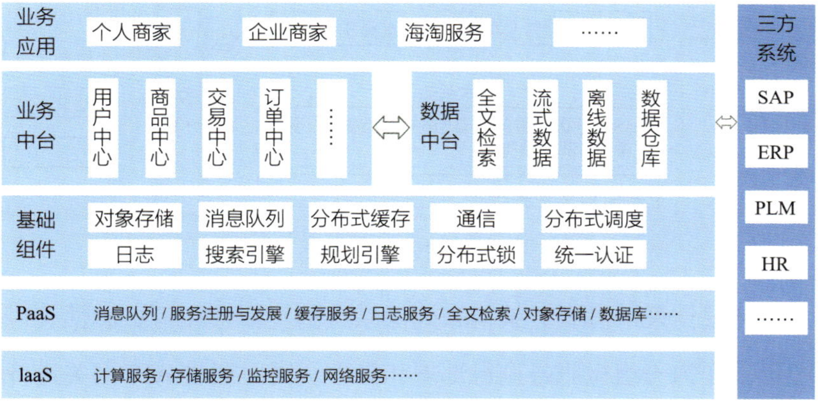

图 5-4　功能层级架构[1]

技术层级的架构需要说明各系统、各中心分别使用什么技术实现，以及整体的技术分层。总体上分为展现层、服务层、接口系统、运营管理和运维支撑（图 5-5）。

展现层：考虑使用现代前端技术（如 React、Angular）来构建一个响应式和用户友好的界面。同时，为不同设备和平台提供定制化的展现方案。

[1] wyouc. 业务中台建设方法及步骤[EB/OL].（2023-02-05）[2024-02-01].http://www.360doc.com/content/23/0205/14/16205163_1066296888.shtml.

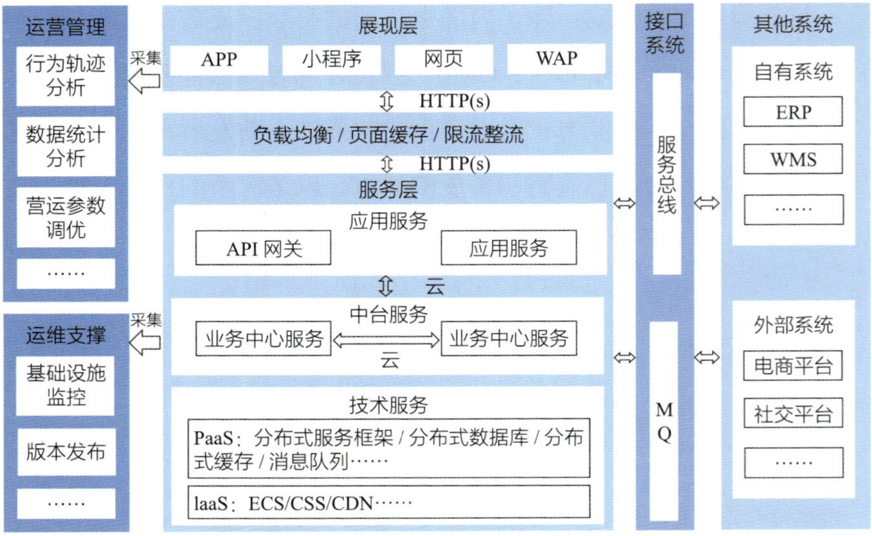

图 5-5　技术层级架构

服务层：采用微服务架构来确保系统的灵活性和可扩展性。每个中心可以作为一组微服务进行部署和管理，同时通过 API 网关进行统一的访问控制。

接口系统：设计 RESTful API 或 GraphQL 等现代接口标准，以支持不同系统间的高效、灵活的数据交换。

运营管理：集成业务智能（BI）和数据分析工具，为企业提供实时的业务洞察和决策支持。

运维支撑：构建强大的运维系统，包括自动化部署、监控、日志管理、故障发现和恢复等。考虑采用 DevOps 文化和工具，如 Kubernetes 和 Docker 来提高运维效率。

（二）核心数据流规划

结合整体架构设计，我们可以规划出企业的业务数据流，从而能更好地接入前台业务。

数据源整合：首先，需要识别和整合企业内所有重要的数据源，包括各个业务线的系统数据、第三方数据、云服务数据等，为每种数据源定义清晰的接入点和数据格式标准，确保数据的一致性和可用性。

数据处理与转化：建立数据处理流程，包括数据清洗、转换、聚合等步骤，确保数据在进入中台系统之前符合预定质量和格式的要求。

数据存储和管理：选择合适的数据存储解决方案，如关系型数据库、NoSQL 数据库、数据仓库等，根据不同类型的数据和应用场景选择最合适的存储技术。同时，实施有效的数据备份和恢复策略，确保数据安全和完整性。

数据访问与交互：设计高效、安全的数据访问层，为业务应用提供数据服务，包括 API、Web 服务或消息队列等机制，以支持不同前台应用和服务的数据需求。

数据流监控与优化：建立数据流监控系统，跟踪数据的流动情况，及时发现并解决数据流中的问题。根据监控结果不断优化数据流程，提高数据处理效率和质量。

数据安全与合规：确保整个数据流程符合数据安全和隐私保护的法律法规，实施数据加密、访问控制、审计日志等措施，确保数据在传输和存储过程中的安全。

数据分析与应用：利用数据分析和商业智能工具，将数据转化为可操作的洞见，支持企业决策和业务优化。

通过这样的核心数据流（图 5-6）规划，企业的业务中台能够有效地支撑各种前台业务应用，同时也为数据驱动的决策提供坚实基础。

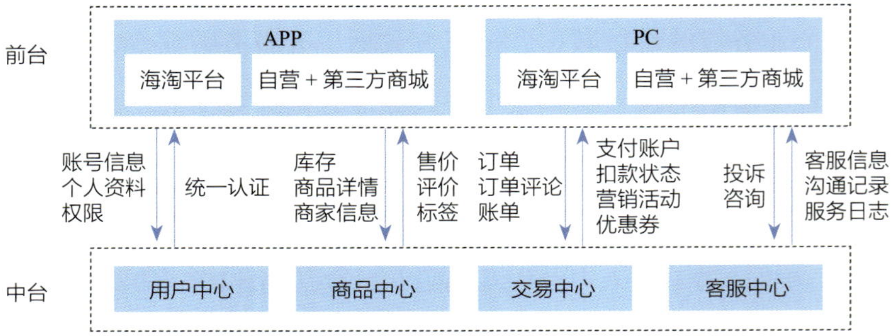

图 5-6　核心数据流

（三）前后台对接

接下来，为了对接前台，我们需要进行中间件开发。中间件就是一个公用模块，供不同的前台调用，例如通用的会员管理，它在功能上与业务线原有的会员管理没有什么区别，只是中台研发可以让不同的业务线接入，同时也能将各条业务线的数据进行汇聚（图 5-7）。中间件不仅要处理通用的会员管理等功能，还需要提供诸如身份验证、权限管理、数据缓存、消息队列管理等公共服务，因此需要设计得高效可靠，以确保多个前台应用的稳定运行。

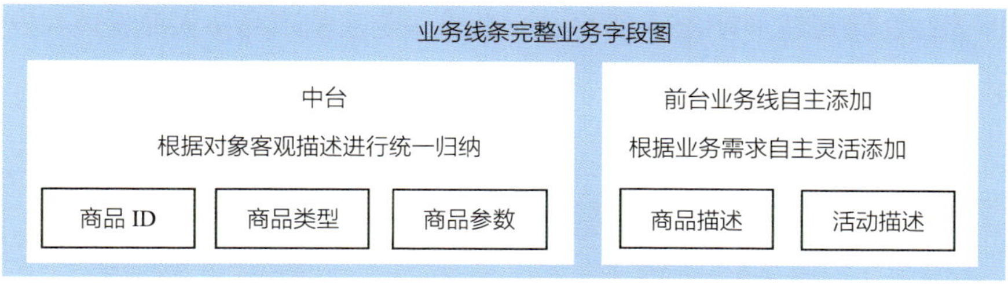

图 5-7 业务线条业务字段图

为了使不同的业务线都能使用这个模块，中间件研发的核心就是进行字段剥离，定义通用数据模型、建立元数据管理和引入数据抽象层，以适配多样化的业务数据。因此，可以将原先前端业务线的数据存储拆分为两部分：通用数据（中台）和业务数据（前台）。

当前我们面临的问题是：个人商家商品信息和企业商家商品信息以及海淘服务商品信息，怎么才能统一存储？

一是采用数据分离式存储结构，核心策略是建立一个统一的数据访问层，通过引入数据虚拟化技术，在逻辑上统一不同类型的商品数据，物理存储时则可以根据需要进行分离。二是规划前台业务线与原后台的调用关系业务流，说明前台业务如何与中台进行交互，包括 API 设计、数据交换格式以及交互协议，从而保障各前台业务线能够无缝调用中台服务，而不影响其个性化需求的实现。三是开展前台模块重构，将共性的业务逻辑和数据处理迁移到中台。同时，为了保证灵活性和可扩展性，对外提供标准化接口。

对接完前台后，还要进行后台对接，具体实施可分为以下三个步骤。

梳理现有后台系统：比如企业资源计划（ERP），负责采购计划管理等；仓储管理（WMS）等系统，负责采购后的产品出入库管理、发货流程等（图 5-8）。

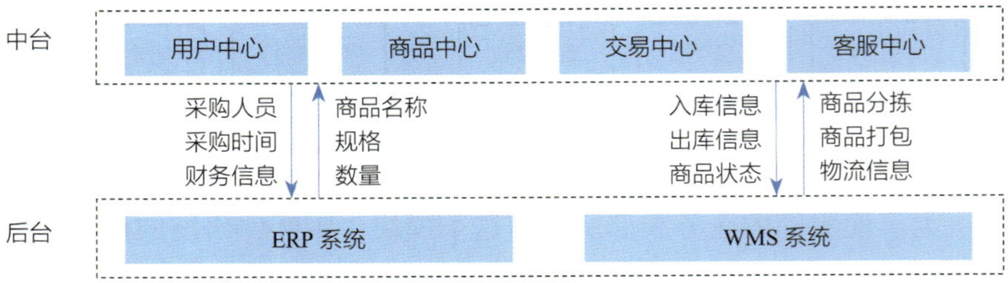

图 5-8 后台业务对接

资料来源：刘天．中台产品经理宝典：从业务建模到中台设计全攻略 [M]. 北京：电子工业出版社，2020.

梳理后台系统与原业务系统的调用关系：比如在 ERP 系统中，创建采购计划，根据填写的商品信息生成采购单等；比如在 WMS 系统中，商品入库生成入库单，关联采购单等。

设计一套统一的接口和数据交换格式，将原来参与前台调用的数据通路链接至业务中台上，形成新调用关系。

三、运营推广

（一）需求管理

需求按照优先级进行划分，原则上可根据业务需求的紧急程度和中台化的紧急程度来划分（图 5-9）。

	中台化紧急	中台化不紧急
业务需求紧急	第一优先级	第三优先级（业务研发自己做或与中台共建）
业务需求不紧急	第二优先级	第四优先级

图 5-9　需求优先级划分原则

同时也可参考前文提到的量化评判原则：通过对比两个模块的通道（模块的输入输出信息）数来计算相似度，相似度高计入一次预复用，预复用越高，中台化需求就越高。

（二）质量管理

为验证中台的效果，可尝试使用指标进行评估。

模块复用率：业务中台的各模块各业务条线的使用次数除以业务中台各模块总使用次数。

业务开发 TTM：一个软件模块从立项研发到最终上线所使用时间。

原模块研发所用人日减去业务中台化研发该模块人日等于节省的人日。

总成本节省等于各业务节省开发成本之和减去各业务中台开发成本，再减去各业务方迁移至中台的成本，最后再减去中台系统运维成本。

（三）运营推广

中台的运营推广需要持续推进，主要可从以下四方面入手。

中台产品讲解与宣传：针对不同人员，组织系列培训和工作实践，内容针对不同层次的员工定制，包括中台的基本概念、操作指南、最佳实践以及如何利用中台数据进行决策。

打造数字化运营能力：记录用户使用的日志，建设数据分析看板，优化产品体验。

加强沟通管理：建立一个跨部门协作的平台，鼓励不同业务部门之间的信息共享和协作。与业务部门开展常态化或非常态化沟通，及时了解业务部门真实使用反馈。

持续监测与性能优化：建立监测系统跟踪中台产品的性能指标，确保系统的高性能和可靠性。对于发现的问题，快速响应并提供解决方案。

四、政务中台实践

在传统的政务服务领域，信息化建设初期主要以实现办公自动化为主。同时，政务服务具有专业性强、流程环节多、处理情形复杂等特点，多以条线方式进行信息化建设，如税务系统、公安系统等，这在一定程度上造成了严重的“数据孤岛”。同时，由于各政府部门信息化起步时间不同，数字化意识普及程度不同，导致信息化水平有较大差异。

随着政府体制机制改革的深化与加速，伴随着云计算、人工智能等技术的兴起，业务需求变化的频率进一步提高，为适应数字政府的发展要求，需对数字政府的技术架构进行变革，建立敏捷迭代、弹性扩展、适应数据开放及共享的新一代技术架构体系，通过共用一些能力，来快速响应各种变化的要求。中台被视为一种架构方式，通过提炼政务服务和协同办公中的共同功能需求，打造成组件化的资源包，形成通用的对外服务能力，允许政府及授权企业，基于统一标准自主搭建业务流程并嵌入政务平台。当开发新系统时，尤其是针对突发事件，使用者可以调用中台中沉淀的能力模块如身份认证、电子报表、文件传递、数据可视化等，稍加调整或根据需要配以简单的定制开发，就可迅速调用针对特定事项的应用程序。比如，调配人员、汇总基层情况、追踪物资发放、督查工作进度、事项清单、公文交换、监管通知、在线督办、风险预警、应急指挥、车辆管理等[1]。因此，在数字政府的建设实践中，中台主要是提供共性服务能力，因此也产生了很多新的名词包括能力共享中心、组件超市、应用工厂等。

浙江省通过实施“四张清单一张网”“最多跑一次”改革、政府数字化转型以及数字化改革，不断深化数字政府理念认知，拓展优化体系架构，持续推进实践、理论、制度、模式创新，取得了一系列标志性成果，已经成为全国一体化平台建设的典型标杆。一体化智能化公共数据平台持续迭代升级，通过建设一体化数字资源系统（IRS），

[1] 北京大学课题组. 平台驱动的数字政府：能力、转型与现代化[J]. 电子政务，2020（7）：2-30

明确数据标准、接口标准统一纳管，助力数字资源一体统筹、高效配置。在一体化智能化公共数据平台提供的数据和资源支撑的基础上，浙江省进一步开展“领域大脑”和“城市大脑”建设，强化“大脑”跨层级、跨地域、跨部门、跨系统、跨业务赋能，通用组件能全省共享复用，助力业务协同联动处置。同时，面对突发的新冠疫情，浙江省利用浙政钉和复用共性能力，在很短时间内相继开发出疫情联防系统、健康码、复工平台、精准扶持、精准补贴退税等诸多应用，极大地推动了疫情监测和复工复产进度。

但同时，我们也了解到，由于不同部门之间业务差异很大，共性能力的提取和复用面临较大困境。如法院的职能主要包括审判刑事案件、民事案件、行政案件以及法律规定的其他案件，这与统计局的职能有着千差万别，从核心业务流程上来看很难进行共性功能模块的提炼和抽象。不同业务部门之间能共享的多是基础能力如统一认证、地图工具等不涉及业务属性的能力，而例如办案流程中的法条推荐等专业能力无法共享也无须共享。因此，为满足不同业务部门的共享需求，且未来中台更趋轻量灵活的情况下，“政务中台”或许会有不同的层级和表现形式。以各省大数据局的职能为例，“政务中台”的共享属性或将通过“能力共享中心”“组件超市”等形式实现，为全省提供统一、稳定的能力输出，如用户中心、地图中心等。其他业务部门如省发改委、省政法委、省统计局等，则将深入各自业务领域，梳理和抽象其领域内部不同业务条线共享所需的能力，并在垂直条线推广复用，减少重复建设，提高资源利用率。

第六章

打造应用场景

随着数字化转型进程的加快，应用场景逐渐成为耳熟能详的“名词”。它不仅是洞察数字化技术应用需求的核心工具，更是推动数字化转型落地的重要抓手、关乎数字化转型成败的关键。但数字化转型实践中，何谓优质的应用场景？如何才能打造一个好的应用场景？本章重点围绕应用场景的具体内涵定义、建设路径以及实际案例展开讨论。

第一节

如何理解应用场景

一、什么是应用场景

（一）如何理解“场景”一词

“场景”一词源自商业洞察，伴随着移动互联网时代的兴起而成为商业需求捕捉的关键焦点。在数字化转型中，应用场景就是数字技术产品与其需求相结合的具体情境和虚实连接。它是对时空统一和虚实结合的综合描述，其中场景是需求，应用是产品，应用场景即是产品和需求的结合。创造和描绘应用场景，是推动技术方案切实执行、阐明产品功能价值、找准目标客户群体、展示产品竞争力的核心策略手法，也是产品功能原型设计阶段确定需求方向的重要参考依据。

（二）应用场景必备的“四要素”

在数字化应用和系统开发的语境中，“场景”通常指的是一个具体的应用场景或使用案例，描述了用户在特定条件下如何与系统或应用交互。应用场景概念由用户、需求、交互以及环境四个核心要素构成。在应用场景构建中，首先，我们必须要设置一个或多个用户角色（这些角色代表了使用应用或系统的不同类型的人）；其次，要了解用户需求是什么（场景本质上描绘了用户如何借助应用或系统来达成特定目标或执行相关任务流程。这些目标与任务的设定，本质上源于对用户需求的深刻理解和精准把握）；再次，场景要对用户与系统之间的交互过程进行详细概述，包括用户的行为、系统的响应以及可能出现的不同分支和结果；最后，要考虑用户在交互过程中所处的具体情境因素，诸如物理空间、时间节点、使用的设备类型以及其他一切相关的背景条件。

在数字化项目中，场景必须是具象的而非抽象的，只有具体的场景才满足用户具体的需求。因此，场景的“四要素”必须具体而清晰。场景帮助设计者和开发者从用户的角度出发，关注实际的使用情境，确保系统或应用的设计和开发能够有效地解决实际问题，提供优秀的用户体验。此外，场景还常用于需求分析、系统设计、测试用例的编写以及用户培训材料的制备中。

（三）应用与应用场景的区别

在讨论数字化转型的过程中，正确区分应用与应用场景的概念显得尤为重要。应用实质上是一个独立存在的数字化系统，而应用场景则是将应用置于更为宽泛、具体的使用环境中，形成一个由用户、需求、交互和环境因素共同编织而成的立体动态体系。以支付宝为例，作为一款纯粹的应用，它拥有自身的功能服务集合。然而，当人们谈论支付宝的“应用场景”时，它则涵盖了不同的实际使用情境，如生活缴费场景、在线政务服务场景、在线支付场景等。每个独特的应用场景都有特定类型的用户群体。他们在特定的环境条件和背景下与支付宝应用进行交互，以达成各自的需求目标和期望结果。因此，关注和设计丰富的应用场景，有助于更准确地理解和满足用户需求，推动技术和产品的有效应用与创新拓展。

二、为什么应用场景十分重要

应用场景是数字化转型中不可或缺的一环。只有通过深入理解用户在特定场景下的需求，并针对性地开发产品和服务，我们才能实现数字化转型的价值释放和企业的可持续发展。

1. 有了应用场景，数字化应用才可落地

数字化应用不是单纯的信息化，线上数字世界和线下现实世界密不可分，要通过数字空间重塑物理空间与社会空间，最终实现数字、物理、社会三元空间的融合，我们需要在现实世界中，针对特定空间、特定对象，打造具有特定功能的数字化应用；同时，为了将数字技术全面整合到相关感知、计算、决策及执行的完整闭环系统中，要给其配备相应的智能感知装置和自动化设备。

2. 有了应用场景，数字化应用才可聚焦

推动政府部门的公共数据和平台公司的社会数据开放共享，是数字化改革的必然要求。然而，当前政府部门数据“烟囱林立”，条块壁垒难以攻破，互联网平台公司也是“挟数据而自重”。在这种情况下，缺乏目标导向和边界限定的数据共享追求必将面临重重困难。因此，只有预先设定特定的应用场景，并确保该场景的成功运行建立在多个部门之间以及多种数据来源共享的基础之上，我们才能找到撬动问题的关键支点，精准定位切入点，进而制定详尽的数据清单，并以此稳步推动数据共享和开放的进程。

3. 有了应用场景，数字化应用才可体验

数字化转型建设要以问题和需求为导向，聚焦体制机制的痛点、难点、堵点，瞄准百姓、企业和基层最为迫切的需求领域以及呼声最高的诉求热点，出实招、创实效，让人民成为这轮改革探索的“阅卷人”。为此，我们必须努力呈现出一系列看得见、摸得着、可体验的改革成果，切实解决现实生活中的难题，进而提升民众的满意度和获得感。

4. 有了应用场景，数字化应用才可迭代

系统观念和迭代思维贯彻于数字化转型建设的全过程当中。在整体谋划上，数字化转型建设要有完整的顶层设计以及总体架构；在具体推进上，点状突破、急用先行，最终实现小步快走、快速迭代。在数字化转型的进程中，我们需将整体的系统性任务细分为若干个可以迅速落实的应用场景，然后通过各个应用场景独立获取评价反馈，并不断优化调整和迭代升级，从而逐步提炼出一系列成熟且适用的功能模块，最后，将这些功能模块有效整合，形成完整的数字化转型脉络。

三、如何定义一个好的应用场景

一个好的数字化转型应用场景，其本质特征往往体现在多个层面（表 6-1）。第一，要有明确的目标和需求定位。一个优质应用场景要能够清晰地定义其目标和解决的问题，这要求应用场景在构建之初就要洞察各类用户（无论是公众、企业还是政府部门）的深层次需求，并紧密结合政府服务优化升级的战略目标。第二，要以用户为中心。用户的体验和需求是设计优质应用场景的核心，要充分考虑应用场景的易用性、无障碍访问性等，以满足不同用户群体的需求。第三，要重视技术的适应性和可持续性。优质的应用场景应能适应不断变化的需求和环境，具有一定的可扩展性和灵活性。换言之，选择的技术解决方案应与现有的政府基础设施兼容，并能适应未来的技术发展和政策变化。第四，要强调数据安全和隐私保护。在处理公众数据时，确保数据安全和隐私是至关重要的，良好的应用场景应包括强大的数据保护措施。第五，要兼顾效率提升和成本效益。优质的应用场景会通过自动化、优化流程等方式提高政府服务的效率，同时在成本效益上有明显优势。第六，完善反馈机制并推动迭代升级。优质的应用场景应建立完整的用户反馈收集机制，以便持续改进服务，确保应用场景能够随时间适应用户和技术的变化。

表 6-1　某地最佳应用评价指标

一级指标	二级指标	三级指标
需求的重要性	聚焦上级重大部署	落实上级部署（落实党中央国务院决策部署和省委省政府决策部署）
	聚焦重大需求	解决以下需求问题： A. 解决全省共性刚需问题； B. 解决群众关注的痛点、难点、堵点问题； C. 解决企业重大共性需求问题； D. 防范化解重大风险隐患
	聚焦核心业务	聚焦建设单位核心业务
创新的集成性	多跨协同情况	实现跨部门、跨层级、跨领域、跨系统、跨业务等多跨协同
	全链条闭环情况	流程再造，实现全链条闭环
	业务贯通情况	按照应贯通尽贯通的要求，实现纵向贯通、横向协同
改革的突破性	制度重塑情况	推动体制机制重大突破创新

第二节 怎样打造一个爆款应用

一、数字化应用的重要思维

（一）价值思维

从哲学层面来讲，“价值”是一个标志实践过程中主客体关系的概念，反映的是客体对主体需要的满足程度，即客观世界对主观个体需求满足的程度[1]。在价值思维中，我们必须充分揭示和保持人的主体地位，才能抓住问题的实质[2]。在数字化转型的进程中，可将价值思维诠释为一种从用户需求出发、全面提升价值链条运作效率和品质的理念。此过程中，用户始终处于中心地位，所有的决策与行动均应围绕用户需求而开展（图 6-1）。引入价值思维的核心目的在于，借助这一独特的思维模式来有效地应对实践中可能面临的宗旨偏离或核心价值迷失等问题，通过以观念为先导、以组织为驱动、以文化为保障、以人才为动力，实现全价值链再造。

[1] 孙伟平，陈新汉. 价值论研究（2018年 · 第1期）[M]. 北京：社会科学文献出版社，2018.

[2] 李德顺. 从“人类中心”到“环境价值”——兼谈一种价值思维的角度和方法[J]. 哲学研究，1998（2）：5-10.

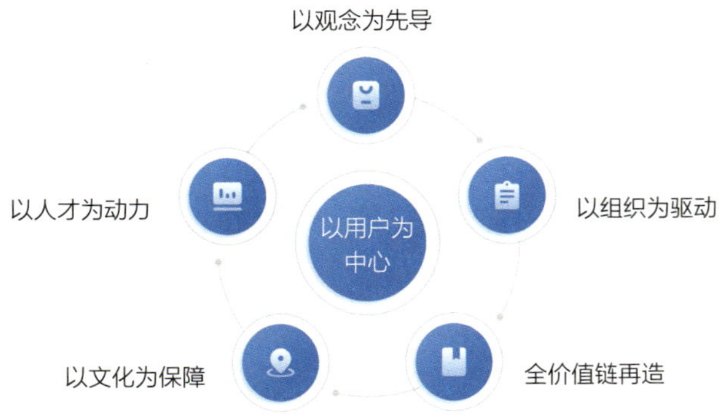

图 6-1　价值思维示意图

资料来源：根据公开资料整理。

（二）系统思维

世间万物，大到一个星系，小至一个原子，其本质都是一个个的系统。“框架”就是对系统构成元素以及元素间有机联系的简化体现[1]（图 6-2）。“框架”不仅仅体现了系统的构成元素，还体现了系统各构成元素之间的有机联系。系统思维就是选择、改善或构建“框架”，以更快速、更全面、更深入地系统思考和表达的思维方式。系统思维本质上是一种依托“框架”来进行系统性理解和表述的思考方式。我们把系统思维简化为围绕“框架”核心进行的思考时，能够在保留系统思维整体性、结构性、立体性、综合性精髓的基础上，极大地简化人们对事物的认知。通常“框架”有三个来源，分别是从已有框架中选择、基于已有框架改善、全新构建框架。

[1] 王世民. 思维力：高效的系统思维[M]. 北京：电子工业出版社，2017.

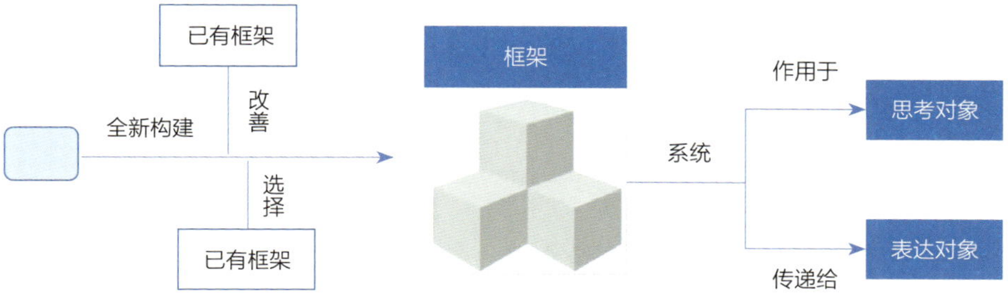

图6-2　系统思维示意图

资料来源：王世民．思维力：高效的系统思维[M]. 北京：电子工业出版社，2017.

（三）数据思维

数据思维是应用数据科学的原理、方法、技术来解读事物和解决现实场景中问题的底层思维逻辑[1]。首先，面对现象和数据，通过科学的数据分析手法，我们能够识别和解释规律，发掘数据所蕴含的深层价值，透视数据的真实意义，培养出独立且具有批判性的思考力，增强数据思维的自觉性。其次，在需要做决策的现实情境中，将这些情境数字化，运用科学的数据分析逻辑、结构和模型来审视问题，我们可以解决问题，形成决策。

数据分析与数据思维在出发点上有所不同。数据分析侧重于以数据本身为核心，即从数据出发进行分析，数据思维则以业务需求为核心，即以业务的视角驱动数据的分析和应用。这种出发点的不同导致了它们在思考模式上的区别。我们要掌握数据思维：一是要学会以数据视角思考业务问题；二是要掌握数据科学全流程与岗位职责，以高

[1] 开课吧. 数字化人才与组织建设[M]. 北京：电子工业出版社，2021.

效地与数据团队协作；三是要厘清业务场景中的数据应用思路，以更好地制定驱动业务增长的业务决策。

二、数字化应用的建设方法

（一）数字化改革系统分析与集成的 V 字模型

自 2003 年提出建设“数字浙江”以来，浙江省数字化建设不断深入，政府治理能力显著提升，其核心方法路径是通过 V 字模型不断驱动改革向纵深发展（图 6-3）。V 字模型作为一种通用方法，在系统分析软件开发、组织效能管理等不同领域都有着广泛的应用实例。在数字化转型语境下，V 字模型主要应用于核心业务的梳理。核心业务梳理是数字化应用建设的基础，是应用场景落地的前提，其主要分为下行和上行两个阶段，将“业务协同模型”和“数据共享模型”贯穿到数字化转型的各方面、各领域及整个过程。

V 字模型的下行阶段是从宏观到微观的任务拆解过程，其主要任务是全面梳理组织党政机关的核心业务，并从治理和服务两个角度对其进行定义，进而实现核心业务的数字化转型。V 字模型的上行阶段是从微观到宏观的应用场景设计建设的过程，其主要任务是再造业务流程，通过整合组装核心业务，将原有业务协同叠加为新的重大业务，并设计标志性应用场景，推动整体智治体系的整体性优化和系统性重塑。

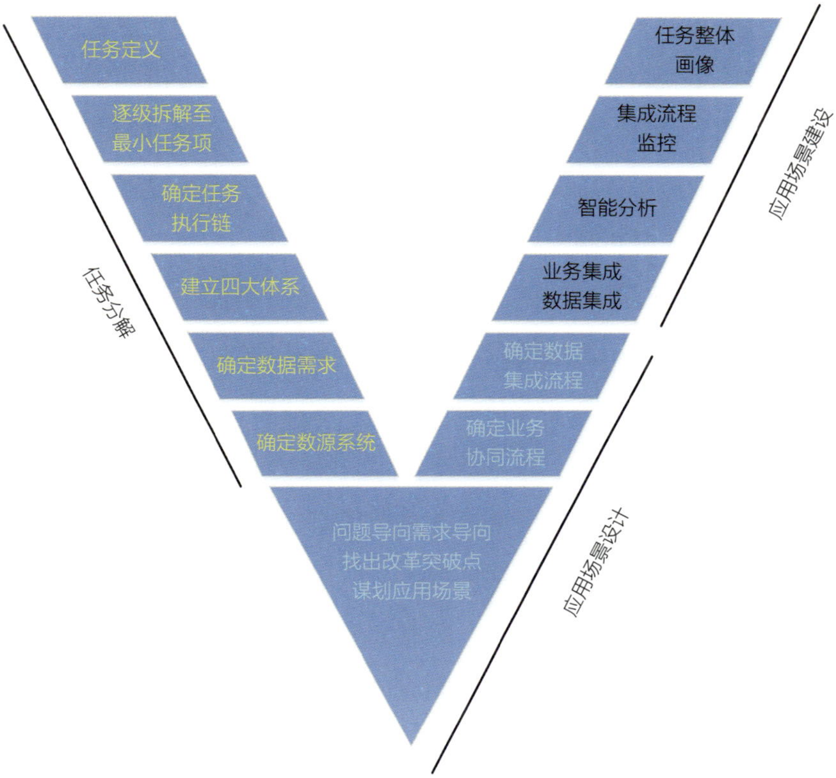

图 6-3　数字化改革系统分析与集成的 V 字模型

资料来源：根据浙江省发展和改革委员会《核心业务梳理标准（试行）》整理。

1. 核心业务梳理拆解：从任务定义到数源系统

首先，开展核心业务的任务梳理和逐层拆解，形成该核心业务的任务树。深度上，任务树应被拆解至最末端的最小任务项，每个事项要明确牵头单位和协同单位；广度上，每一层的任务都应参照核心业务的定义进行筛选，凡是属于核心业务范围的任务都要被纳入任务树，不属于核心业务范围的任务不被纳入。其次，构建核心业务的科学决策、精准执行、风险预警、执法监管、服务保障、督查督察、绩效评估、成果运用的闭环管理执行链。再次，通过工作体系、政策体系、评价体系和指标体系四个体系的分析和拆解，形成核心业务的最小业务单元。通常，每个最小业务单元都应该有对应的责任部门。最后，以最小业务单元为基础，明确核心业务相关的每一类数据的数源项、数源单位、更新频率、共享方式和数源系统。

2. 应用场景谋划设计：从场景谋划到核心业务流程重塑

基于三张清单，开展需求分析。坚持问题导向、需求导向、改革创新导向，梳理形成核心业务所面临的问题清单、需求清单和改革创新清单，实现找到数字化改革的小切口，从而谋划、设计相关数字化应用场景。同时，围绕业务集成、系统集成、数据集成，推动业务流程重塑，达到数字化转型发展的要求。从用户角度出发，要先明确核心业务流程再造后的操作流程，绘制业务集成流程图，然后对现有系统进行全面梳理，确定需要进行集成的业务系统，最后围绕新的业务流程，设计并实施一套高效的数据共享和集成方案。

3. 应用场景建设集成

首先，应用架构设计是构建有效应用场景的关键环节，其主要目标是确保应用架构与业务目标和技术需求相匹配。在设计架构时，需要考虑如何整合各个系统、组件和服务，以支持业务流程和用户需求。其次，应用建设管理是确保应用场景顺利实施的关键环节，需要精确地规划资源、管理项目进度，并确保所有相关利益相关者的需求得到满足。有效的应用建设管理不仅涉及技术层面，还包括沟通协调、风险管理和质量保证。项目经理需要制订详细的项目计划，包括时间线、预算和资源分配，并定期审查进度，以确保项目按计划进行。最后，应用绩效评价是评估应用是否达到预期业务和技术目标的重要方法，要对应用的功能性、效率、用户满意度以及 ROI（投资回报率）等多方面进行评估。此外，定期的评估不仅有助于量化当前的绩效，还能为未来的改进和优化提供指导。

（二）软件开发的生命周期模型

一种简单实用的软件开发过程的是按顺序将生命周期的各阶段组织起来，并严格按照需求、分析、设计、编码和测试的顺序进行开发。这是传统的生命周期模型，其代表性模型有瀑布模型、快速原型模型、增量模型等。虽然这些传统模型存在很多问题，但它们目前仍然是最基本的、最有效的、可供选择的软件开发生命周期模型[1]。

1. 瀑布模型

瀑布模型是系统分析员、软件工程师、程序员以及最终用户按照用户至上的原则，自上至下分析与设计和自下向上逐步实施、建立计算机信息系统的一个过程，是组织、管理和控制信息系统开发过程的一种基本框架[2]（图 6-4）。每一个开发阶段的成果必须经过严格的审查与验收程序，将其汇编成全面的文档记录后，才能进入下一阶段工作。若在后续阶段发现任何问题，应及时追溯并反馈至前一阶段，以便迅速做出相应的调整和修正。只有当前阶段的各项开发活动完全符

[1] 朴勇. 软件工程实用教程[M]. 北京：人民邮电出版社，2015.

[2] 侯安才，张强华. 物流信息技术实用教程（第2版）[M]. 北京：人民邮电出版社，2017.

合既定标准，并成功通过多方评审后，才可正式进入下一阶段的开发进程。

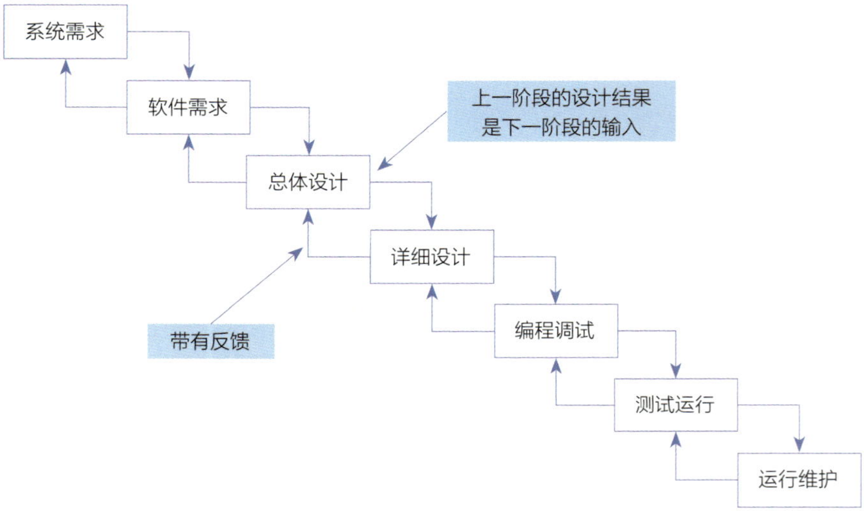

图 6-4　瀑布模型

资料来源：侯安才，张强华．物流信息技术实用教程（第 2 版）[M]. 北京：人民邮电出版社，2017.

2. 快速原型模型

快速原型模型要求对系统进行简单、快速地分析，快速构造一个软件原型。用户和开发者要在试用或演示原型过程中通过反复评价和改进原型，以减少双方的误解、降低由于需求不明确带来的开发风险，要不断提高软件质量，进而获取用户真正的需求。因此，快速原型模型比较适合开发一个全新的系统。用户借助原型能够保证开发方向是正确的。一般而言，这种模型会迅速构建出用户界面，目的是展现系统预期的功能布局。尽管此时的界面可能并未实现完整的功能逻辑，仅起到模拟展示的作用，但是，正是这样一个初步的原型系统，能够使用户建立起对未来系统的认识和了解[1]。另外，构建快速原型模型中可以尝试运用未来系统中需要的新技术，提前测试一些性能上的要求，以便了解其是否能够达到预期，如系统的运行或响应速度等。这样可以降低开发风险。

（三）应用的敏捷开发模型

敏捷开发作为一种始于 20 世纪 90 年代并逐渐在全球范围内受到广泛关注的新型软件开发方法，其核心价值在于应对需求快速变化的软件开发能力[2]。尽管不同敏捷开发方法在名称、理念、过程、术语方面都不尽相同，但相较于“非敏捷”开发方式，其更加强调程序员团队与业务专家之间的紧密协作、面对面的沟通（比书面文档更有效）、频繁交付新的软件版本、紧凑而自我组织型的团队、能够很好地适应需求变化的代码编写和团队组织方法，也更注重软件开发中人的作用。敏捷方法给企业带来了巨大的收益。据统计，采用敏捷开发的团队的效率一般会提高 3~10 倍，软件的质量也有了更加可靠的保证。

1. 迭代模型

整个开发过程被分为几个迭代周期，每个迭代周期是一个定长或不定长的时间块。各迭代周期持续的时间一般较短，通常为一到六周。迭代开发模型要求企业快速形成一个 MVP（最小可行性产品），然后对其进行不断完善（图 6-5）。

---

❶ 朴勇. 软件工程实用教程[M]. 北京：人民邮电出版社，2015.

❷ 同①.

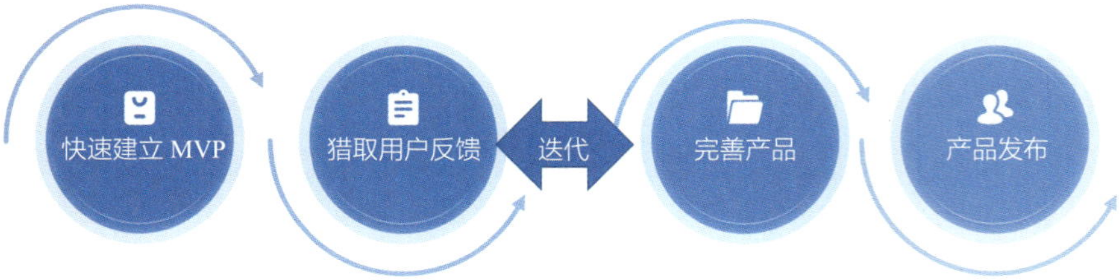

图 6-5　迭代开发模型

资料来源：根据公开资料整理。

2. 增量交付

产品是在每个迭代周期结束时被逐步交付使用的，不是在整个开发过程结束时被一次性交付使用的。每次交付都需要确保产品能被立即部署到用户的实际应用场景中，使其具备可供用户直接使用的特性，能够迅速为用户创造即时收益和价值。

3. 开发团队和用户反馈推动产品开发

敏捷开发方法主张用户全程参与开发过程。这使需求变化和用户反馈能被动态管理并及时集成到产品中。

4. 持续集成

新的功能或需求变化总能被及时整合到产品中。一些项目会在每个迭代周期结束时集成，有些项目则每天都在做集成。

三、应用场景打造的常见问题

1. 业务供需认识不清

在很多项目中，由于未能深入洞悉市场变化趋势，也无法精确掌握内部运营的实际需求，团队可能会错失开发出与市场需求和内部实务需求紧密贴合的解决方案的机会。这种认识上的差距可能导致项目方向错误、资源浪费，甚至项目失败。

2. 场景设计无从下手

设计符合用户需求和业务目标的应用场景是一个复杂的过程，尤其是在缺乏明确指导或经验的情况下。确定用户的具体需求、理解他们的行为模式，并将这些转化为具体应用功能和设计，对很多团队来说是一个巨大的挑战。

3. 难以掌控数字化转型项目

数字化转型项目通常牵涉组织内部多个部门，且很可能涵盖多种先进技术的运用及复杂的业务流程改造。这类项目需要协调多方利益、平衡不同部门的需求、处理技术实施的复杂性，其管理非常复杂，容易出现进度滞后、超出预算，以及目标偏离等问题。

4. 难以评估数字化转型成效

评估数字化转型的成效是一个复杂的问题，尤其是在缺乏明确的评估标准和工具的情况下。如何量化数字化转型带来的效益，如成本节约、效率提升、客户满意度提高等，一直是企业和组织面临的挑战。此外，数字化转型的成效可能涉及多个层面，并且有长期影响，这使评估工作更加复杂。

第三节

应用场景如何真正落地

一、杭州市“民呼我为”应用

“民有所呼，我有所应；民有所呼，我有所为”是习近平总书记对杭州市提出的殷切期望。杭州市积极响应这一号召，打造了“民呼我为”数智平台，并成功入选浙江省首批数字化改革“最佳应用”名单。本书从需求分析、定义内涵、任务分解、综合集成以及流程再造等“V 字模型”的流程方面进行案例剖析[1]。

（一）需求分析

1. 民意反馈渠道多，有待整合

此前，杭州市民意反映有十余个主要渠道，市民群众往往会通过多种渠道就同一事项进行反馈，这就造成多个部门重复处理一件民意，既耗时费力，也未必事事均能精准落实。

[1] 根据相关公开资料整理编写。

2. 民意办理来闭环，有待完善

除 12345 热线、人民建议征集等渠道外，大部分媒体受理的民意办理缺乏精准高效、贯穿全程的工作闭环，一些民意得不到及时、规范办理，难以实现件件有着落，且办理绩效难以被精准评估，群众获得感不够强。

3. 民意数据协同弱，有待加强

民意数据分散在各渠道，未形成共享协同的数据池，难以全面精准掌握社情民意、研判民意热点、分析民意趋向，进而影响服务科学决策、精准施策。

（二）目标定位

建设“民呼我为”场景应用，按照“统一用户体系，统一受理入口、统一反馈机制、统一查询服务、统一评价机制、统一分析研判、统一数字赋能”的建设目标，实现民意直通，做到线上线下结合、上下条块贯通、政府社会互动，实现社情民意点点通、急事难事件件办、办理结果事事回、满意与否人人评，真正把“民有所呼、我有所应，民有所呼、我有所为”落到实处，让市民群众有更多获得感、幸福感、安全感。

（三）任务分解

遵循 V 字模型下行阶段拆解原则，分四步对任务进行分解。第一步，梳理核心业务，围绕“一平台、两端口”总体架构，梳理渠道横向贯通、工单流转处置、问题及时答复、处理进度查询、满意度评价收集、精准分析研判等6项核心业务，并逐级明确各项核心业务的子任务。第二步，围绕核心业务，逐项拆解到最小任务单元。如针对各个民意渠道“来电、来信、留言、发帖”等不同类型的数据来源，实施结构化处理，纳入统一的主题库。第三步，围绕核心业务最小单元，明确责任主体。如工单流转处置、问题及时答复、处理进度查询等业务，由市信访局牵头，各渠道责任单位和相关部门协同完成。第四步，确定数据需求和数源系统，做好数据统一归集。如在统一用户认证方面，应用了城市大脑的公共组件；在统一民意受理系统方面，明确了省共享交换平台中的浙里访数据、原各民意渠道数据库等市本级数据。

（四）综合集成

遵循V字模型上行阶段原则，分六步对业务进行综合集成。第一步，依托一体化智能化公共数据平台，通过数据实时归集，针对“用户登录、办结反馈、共享查询”等业务类别进行分类，生成数据资源目录。第二步，根据平台的功能实现，各民意渠道系统主动推送所需字段，通过全量归集，形成“民呼我为”主题库。第三步，各民意渠道根据各自“受理、答复、转办”等业务功能，通过API接口，从主题库中协同匹配相关数据，实现业务单元的数据集成。第四步，统一研发通用的“受理、查询、处理、评价”等组件模块，可供各民意渠道按需调取。第五步，平台集成使用“统一受理系统、统一集成透出系统、后台管理系统、数字驾驶舱”4 大系统，实现“统一用户体系、统一受理入口、统一反馈机制、统一查询服务、统一评价标准、统一分析研判”等功能，形成“民呼我为”高效运转业务体系。第六步，“民呼我为”服务端分别从浙里办（杭州频道）和城市大脑 APP 透出，为市民群众提供统一的民意渠道，具有“咨询政策、反映诉求、提出建议、查询评价”功能。其治理端从“数智杭州”党政机关整体智治综合应用门户透出，具有“民意收办、留痕管理、归类分析、提醒预警”功能。

（五）流程再造

第一，推动数据来源由分散状态转变为协同共享的状态，把原来分散在“12345”等十余个民意渠道的数据，进行整合、规范、归集，形成“民呼我为”主题库。第二，推动民意反映由间接变为直达，破除原来民意落实需要多头转达、派送等困境，实现民意反映直通、办理结果直达。第三，推动民意办理变单向为闭环，通过构建民意“收集—办理—反馈—评价”的工作闭环，实现“社情民意点点通、急事难事件件、办理结果事事回、满意与否人人评”。第四，推动民意动态变延时为实时。依托智能化、数字化分析系统，建立民意热力图、民意热度榜、突发民意预警和规律性周期性民意预警分析，全面及时掌握社情民意，助推科学精准决策。

二、浙里关键核心技术攻关在线

“浙里关键核心技术攻关应用”是由浙江省科技厅打造的一款应用，其核心目标是破解“攻什么、谁来攻、如何高效服务攻关、如何科学评价攻关”等体制机制难题，推动流程再造、模式重构、制度重塑。该应用已获评浙江省数字化改革“最佳应用”，并被中央电视台《新闻联播》头条报道了。本书以数字化改革为视角，从路径，成效和规范三个方面进行了案例梳理。

（一）建设路径

在多跨集成方面，该应用以数字化转型建设为驱动，旨在全面渗透至创新主体在攻关各阶段的各个环节，构建起一个多部门高效协同、多层次紧密联动、全流程无缝覆盖、全周期闭合管理的关键核心技术攻关在线跨界应用场景。

在流程再造性方面，该应用可通过业务大数据、部门数据协同、智能分析引擎等手段，监管每个攻关项目的攻关过程、资金使用，及时掌控项目阶段性成果并对接经信等成果认定及推广应用单位。

在改革突破性方面，创新关键核心技术攻关组织机制，包括创新攻关榜单形成机制、创新攻关团队组建机制、创新攻关资源配置服务机制以及创新攻关成果评价机制。探索了重点领域技术节点清单化智能化梳理模式，实现了创新链与产业链融合下的科技攻关态势一屏总揽、统筹推进。

（二）建设成效

在实战实效性方面，该应用于 2021 年 4 月上线，2022 年，依托“关键核心技术攻关在线”数字化应用，部署 2023 年度省“尖兵”“领雁”等重大攻关项目 568 项，安排 2023 年预算 18.85 亿元，其中 14.3 亿元用于支持浙江省制造业集群相关重大攻关项目[1]。

（三）建设规范

该应用采用省级统建、地市分级授权的建设模式，依托“科技大脑”、政务云等基础设施，以创新链技术路线图和科技攻关认知计算引擎为主要技术支撑，建成三大科创高地技术路线图、攻关需求辅助决策、攻关团队组建支持、攻关资源配置服务、攻关过程智能管理、攻关成果评价辅助等 6 个子场景，推动项目组织实施方式系统性重塑。

---

[1] 省经信厅．浙江省经济和信息化厅关于省十四届人大一次会议湖31号建议的答复A[EB/OL].（2023-12-04）[2024-03-01].https://jxt.zj.gov.cn/art/2023/12/4/art_1229123455_5215935.html.

第七章

加强安全保障

本章关注政府或企业数字化转型建设中的安全保障，对可能面临的安全管理风险进行深入研究，并围绕安全保障体制机制、安全保障技术体系和安全保障的人员管理体系三方面提出安全保障建设的要点内容。

第一节

存在哪些安全管理风险

一、管理风险

（一）机制不完善

数字政府建设中的管理风险主要体现在考评机制[1]、权限机制[2]、管理机制[3]、审查机制[4]等方面的不完善。这些机制的缺失确实给数字政府项目的安全运行带来了重大挑战。

1. 考评机制不完善

评估标准和流程缺乏规范化导致项目安全性和效益难以准确测度。这可能使得管理团队无法全面了解系统实际状况，无法有效控制项目质量。为应对这一风险，必须建立完备的考核机制，评价数字政府项目各方面的表现，确保安全性和效益最大化。如广东省自2021

❶ 郑跃平，杨学敏，甘泉等. 我国数字政府建设的主要模式：基于公私合作视角的对比研究[J]. 治理研究，2021，37（4）：38-50，2.

❷ 张晓娟，张洁丽. 基于系统集成框架的政府数字信息资源规划[J]. 情报资料工作，2010，31（1）：54-57.

❸ 胡税根，杨竞楠. 新加坡数字政府建设的实践与经验借鉴[J]. 治理研究，2019，35（6）：53-59.

❹ 李重照，黄璜. 英国政府数据治理的政策与治理结构[J]. 电子政务，2019（1）：20-31.

年起连续三年开展全省数字政府改革建设评估工作，对各地各部门建设成效进行多维度综合评估[1]。

2. 权限机制不严密

如果权限控制不当，系统将面临未授权访问和操作的安全风险，增加数据泄露和滥用的可能，而这些风险可能来自获取敏感信息或擅自进行非授权操作。因此必须强化权限管理，严格授权，建立角色权限控制模型，确保只有授权人员才可进入系统，以此降低数据泄密等风险。美国联邦地理数据委员会在协调地理信息数据时便严格遵循授权访问原则，按法定职责确保部门和公众使用此类数据时的价值和访问权限[2]，在合理获取所需信息的同时也推动数据开放政策的执行。

3. 管理机制不健全

管理不善可能会导致监管不力、人员管理疏漏和安全策略缺失等方面问题，因此必须强化项目监测，规范人员行为，完善安全策略体系，加强管理力度，减少管理漏洞。新加坡的数字政府建设中，资讯通信发展管理局（IDA）、首席信息官（CIO）、政府首席资讯办公室（GCIO）三大机构高度协同，在信息安全、数据隐私、技术标准等方面保持管理的高度一致性[3]。

4. 审查机制不健全

例如，项目漏洞长期存在、安全和合规性问题得不到及时纠正会

---

[1] 广东省政务服务数据管理局.2022年广东数字政府改革建设评估结果出炉[EB/OL].（2023-07-07）[2024-01-08].https://zfsg.gd.gov.cn/xxfb/ywsd/content/post_4214048.html.

[2] 薛超，贾宗仁. 美国联邦政府自然资源时空数据治理的顶层设计与启示[J]. 中国矿业，2022，31（S1）：26-29，56.

[3] 胡税根，杨竞楠. 新加坡数字政府建设的实践与经验借鉴[J]. 治理研究，2019，35（6）：53-59.

使系统更容易受到攻击威胁。因此必须建立定期的安全和合规审查机制，及时发现并解决各类隐患。英国政府在这方面进行了有益探索，组建了专业咨询委员会和指导小组，建立了独立审查机制，用于评估政策效能、监测执行质量。例如设立隐私和消费者咨询组，围绕政府使用个人数据对个人隐私产生的影响进行独立审查、分析、指导和反馈[1]。

（二）业务设计不合理

业务设计的合理性直接影响项目安全水平[2]，主要体现在三个方面：首先，必须全面理解业务内涵，包括内容、流程、数据等全景，以确保数字化方案的完整性，避免功能缺失。其次，需要明确划分线上线下业务范围。合理的划分是实现业务数字化的前提，也是保障网络业务安全的需要。最后，不同业务和数据敏感程度不同，需要设置匹配的安全级别。过高或过低的安全配置都会带来风险。科学的业务设计是数字化转型建设的基石，只有系统梳理业务内涵，合理划分线上线下范围，并配置与之相称的安全措施，才能确保数字化项目顺利、安全实现。

加拿大政府在打造面向公众的数字化服务过程中提出“灵活、开放、以用户为中心”的理念[3]。这一理念在安全保障方面体现得淋漓

[1] 李重照，黄璜. 英国政府数据治理的政策与治理结构[J]. 电子政务，2019（1）：20-31.

[2] 于晓艺，于承洛. 超越“数字形式主义”：数字法治政府建设的逻辑起点[J]. 中国海洋大学学报（社会科学版），2023（2）：88-96.

[3] 李思艺. 迈入技术与信任相融合的数字治理时代：加拿大数字政府建设的启示[J]. 情报理论与实践，2022，45（1）：205-212.

尽致。其一，加拿大强调建立规范化的数字服务标准，充分考虑用户需求，定期评估修订，引导数字化建设。这与业务设计的全面理解相契合，规范标准的建立，确保了数字化方案的完整性，避免了功能缺失。其二，坚持服务的开放和透明，明确线上线下业务划分，广泛获取信息，防止信息孤岛。这与划分线上线下业务范围密切相关。开放透明的服务方式使得业务范围得以被清晰划定，避免了混乱，也为保障网络业务的安全提供了明确的边界。其三，采取隐私保护和访问控制措施，预防个人信息泄露。这直接涉及业务和数据敏感程度的安全级别匹配，确保了在数字服务过程中个人信息及隐私能够得到妥善保护。其四，通过跨部门和机构的广泛协作，能够汇聚数字化服务所需的综合技能，并利用新技术不断优化服务形式。这种系统化的安全保障体系既满足了公众的数字服务需求，也维护了公民的权益，是推动数字化转型、提升政府治理水平的关键举措。

（三）安全管理权责边界模糊

数字政府建设过程中，业务模式持续演进和管运分离导致安全管理边界不清，这阻碍了安全工作的开展[1,2]。这种含糊的边界产生了监管盲区，相关机制和流程也难以被有效执行。具体体现为如下。

❶ 周君，王显强. 新型智慧城市下政务数据安全管理的研究[J]. 信息通信技术与政策，2020，46（3）：29-33.

❷ 许垚，刘小康，庄晨曦. 我国数据共享与安全协同治理策略研究[J]. 中共杭州市委党校学报，2023（1）：63-70.

（1）安全运维责任主体不明确，产生了执法监管的真空地带。

（2）事故类型和级别没有明确分级，缺乏相应的应对指引。

（3）各类安全管理规章仅停留在文本层面，实际操作遵循性有限。

为全面提高数字政务体系的安全性和合规性，必须明确划分安全管理的权责边界，将事故进行分类，并严格按规定的机制和流程开展安全运维，这是推进数字化转型过程中亟须解决的问题。

明确数字政务中的数据安全管理边界，主要从三个维度进行权责划分：

一是明确数据权属[1]。规范数据产出和流通渠道，厘清产出方与使用方的权利义务，防止责任不清带来的安全隐患。

二是保障用户隐私[2]。严格保护用户信息，建立信任机制，鼓励用户主动参与数据共享，拓宽数据来源。

三是判断数据属性。对不同类型和敏感级别的数据实施分级策略和权限管理，为安全共享绘制清晰边界，实现开放与安全的有机结合。

可以看出，明确数据权属、保障用户隐私、划分数据属性是构建数字政务数据安全管理框架、实现数据安全共享的三大基石。这是推进数字化转型中需要优先解决的关键问题。

数据在生成、流通、存储、应用全链路中具可复制性与流动性，因此必须明确划分各环节的安全管理权责，以落实责任。以俄罗斯为例，其在数据治理法律中明确政府部门在推动数据安全与共享中的职

---

[1] 孟天广. 政府数字化转型的要素、机制与路径——兼论“技术赋能”与“技术赋权”的双向驱动[J]. 治理研究，2021，37（1）：5-14，2.

[2] 同注释①。

责，防止部门之间发生矛盾冲突，形成合力。这种清晰的权责划分，既有助于消除数据安全管理的空白和漏洞，也有利于制止个人利益对数据开放的干扰[1]。这表明，权责一致化是构建数字政务数据安全管理体系、防控人员风险的基础，也是促进数据安全共享、加速数字化转型的制度保障。

二、技术风险

技术风险是数字政府建设中不可忽视的重要问题，包括以下四个关键领域：网络安全漏洞、数据安全漏洞、硬件安全漏洞和应用安全漏洞[2]。这些技术风险直接关系到信息安全。信息安全问题往往是指个人、企业或国家的信息在存储、传输和应用等环节中出现相关安全问题的情况。

（一）网络安全漏洞

（1）描述。网络信息攻击是数字政府网络信息系统遭受黑客攻击的情况，包括非破坏性攻击和破坏性攻击两种。前者是通过信息炸弹

[1] 冉从敬，刘瑞琦，何梦婷. 国际个人数据跨境流动治理模式及我国借鉴研究[J]. 信息资源管理学报，2021，11（3）：30-39.

[2] 高尚省，郭勇，高智伟，等. 广东省数字政府网络安全评估体系与实践[J]. 大数据，2021，7（2）：182-188.

或拒绝服务等攻击方式，扰乱数字政府信息系统的正常运行；后者则是入侵数字政府信息系统，窃取信息系统保密资料。

（2）风险影响。网络信息攻击不仅会威胁数字政府电脑系统和移动终端，即信息系统的软件、硬件，以及所使用的数据，也会对数字政府信息系统的正常运行产生影响，降低数字政府信息系统的保密性、可用性和准确性。

（二）数据安全漏洞

（1）描述。数据安全漏洞是因硬件、软件及协议在实现过程中或系统安全策略上具有缺陷，导致恶意程序能够窃取内存空间信息，包括用户信息、账户信息、用户密码、密钥等。

（2）风险影响。数据安全漏洞使攻击者拥有利用各种手段对政务信息系统的组件、结构和信息进行篡改和销毁的机会，导致政务信息丢失、系统瘫痪。

（三）硬件安全漏洞

（1）描述。硬件安全漏洞包括硬件中隐藏的漏洞、集成配置漏洞、管理漏洞等，能威胁到与数字政府相互关联的软硬件设备安全。

（2）风险影响。硬件安全漏洞的存在可能导致政务信息系统的组件和设备遭受篡改和威胁，引发严重的信息安全问题。

（四）应用安全漏洞

（1）描述。应用安全漏洞可能由于信息系统设计缺陷等原因，导致攻击者能够篡改和销毁政务信息系统的组件和结构，进而导致政务信息丢失和系统瘫痪。

（2）风险影响。应用安全漏洞可能使政府信息系统容易受到恶意攻击，降低信息系统的保密性、可用性和准确性。

三、人员风险

在数字政府建设的过程中，需要高度重视人员安全风险[1]，其中数据存储和使用是两个关键方面[2]。

在数据存储方面，主要风险有：员工窃取数据、越权使用、弱口令、离线破解、错误配置等。这些可能会导致数据被泄密、损毁，应通过权限管控、审计监控等措施进行防范。

（1）员工窃取数据。内部人员可能会通过非法手段获取敏感数据，构成潜在的泄密威胁。这可能包括员工滥用其访问权限，获取他们无权访问的敏感信息。

---

[1] 任保平，张陈璇. 中国数字经济发展的安全风险预警与防范机制构建[J]. 贵州财经大学学报，2022，40（2）：1-13.

[2] 文禹衡，戴文怡. 云环境中学术数据安全事件的风险致因及其检视——以事故致因理论为视角[J]. 信息资源管理学报，2021，11（3）：50-58.

（2）越权使用。不同利益方越权使用数据，这可能发生在数据共享和数据访问控制方面。强化对数据的访问权限，特别是敏感数据，对于降低风险至关重要。

（3）弱口令。弱口令可能会成为黑客或内部人员入侵的一个漏洞。在数字政府系统中，确保强密码策略的实施是防范内部风险的关键。

（4）离线破解。针对离线数据的暴力破解尝试是一种潜在的攻击手段，系统需要采取措施来防范这类威胁。

（5）错误配置。配置错误可能导致系统漏洞，使得内部人员或外部恶意攻击者更容易突破防线。定期审查和修正配置是确保系统安全的重要步骤。

在数据使用方面，主要风险有：违规操作、非授权访问、访问核心业务数据、执行高危指令、权限控制不严、隐私泄露等。这些风险可能导致滥用数据、泄密数据等，需要通过严格的数据使用规范和技术监控手段进行规避。

（1）违规操作。内部人员和数据库管理员的违规操作是一个显著的风险，可能包括滥用数据或故意泄露数据。为了防范这类风险，需要建立严格的数据使用政策和监管机制。

（2）非授权访问。内部人员可能出于不当目的在未经授权的情况下访问敏感数据。强调权限管理和监控是降低此类风险的关键。

（3）访问核心业务表。对核心业务数据进行未经授权的访问可能会引发严重的安全问题。限制访问权限并设立访问日志是有效的防控手段。

（4）执行高危指令。数据库管理员执行的高危操作可能对系统的稳定性和安全性构成威胁。实施严格的审计和监测机制是必要的。

（5）权限控制不严。不严格的权限访问控制可能导致内部人员访问不应该接触的数据，因此需要强调细致入微的权限管理。

（6）隐私泄露问题。在整合多源异构数据时，隐私泄露是一个重要考虑因素。采用隐私保护技术和进行隐私影响评估是必不可少的步骤。

可以看出，数字政务建设和运维过程中，必须高度重视人员安全管理，采取技术与制度的综合措施，严密防控数据存储和使用中的各种安全隐患。这是推进数字化转型的必由之路。

第二节

如何建立安全保障体制机制

在数字政府网络安全领域，确立全面的安全保障体制机制至关重要。这一体制机制包括总体方针策略、组织机构与人员职责、技术标准与规范、管理制度与规定以及安全操作流程等要素。

一、国家相关法律法规与标准

数字政府建设的安全保障体制机制是确保信息安全的基础，包括国家相关法律法规与标准的制定和遵循[1]。这在实现数字政府建设的监测预警、人员保障和运营流程方面发挥着关键作用。具体体现为：

首先，网络安全等级保护 2.0 是数字政府网络安全的基础，满足了《信息安全保护技术　网络安全等级保护基本要求》（GB/T 22239—2019），尤其在安全运维管理方面有着明确的要求[2]。安全管理中心的职责包括对分散在各个设备上的审计数据进行收集汇总和集中分析，以及

[1] 张斌，杨文. 数字时代我国政务信息资源治理体系优化研究[J]. 图书情报工作，2020，64（11）：3-10.

[2] 洁闵. 电力监控系统信息通信网络安全及防护策略[J]. 工程管理，2022，3（1）：21-23.

对网络中发生的各类安全事件进行识别、报警和分析。此外，安全运维管理要求制定安全事件报告和处置管理制度，明确不同安全事件的报告、处置和响应流程，规定了安全事件的现场处理、事件报告和后期恢复的管理职责等。

其次，《信息安全技术　信息系统安全运维管理指南》（GB/T 36626—2018）为建立和运行信息系统安全运维管理体系提供了指导[1]。这一标准推荐的策略包括资产管理、信息系统安全分级、脆弱性管理、入侵管理、异常行为管理、通信安全、恶意软件防范，以及信息传输等。此外，还有一系列国家级行业标准和规范不断更新出台（表7-1）[2]，如《信息安全技术 政务网络安全监测平台技术规范》（GB/T 42583—2023）《信息安全技术 电子政务移动办公系统安全技术规范》（GB/T 35282—2023）等，这些标准和规范也为数字政府建设提供了必要的指导和支持。

这些法规、部门规章和技术标准，共同构成了数字政务网络安全体系的制度基石。政府部门必须严格执行这些标准要求，建立科学合理的安全保障机制，以实现数字化进程的安全、可控。这是推进数字政府建设的应有之义。

[1] 杨国蓉，朱国耀，颜瑞琮，等. 专网安全管控体系建设应用[J]. 信息技术与标准化，2022（5）：92-95，113.

[2] 全国信息安全标准化技术委员会.19项网络安全国家标准获批发布[EB/OL].（2023-05-31）[2024-01-04].https://www.tc260.org.cn/front/postDetail.html?id=20230531114357.

表 7-1　部分网络安全国家标准一览

标准编号	标准名称	代替标准号
GB/T 42583—2023	信息安全技术　政务网络安全监测平台技术规范	—
GB/T 20945—2023	信息安全技术　网络安全审计产品技术规范	GB/T 20945—2013
GB/T 24364—2023	信息安全技术　信息安全风险管理实施指南	GB/Z 24364—2009
GB/T 31496—2023	信息技术　安全技术　信息安全管理体系指南	GB/T 31496—2015
GB/T 35282—2023	信息安全技术　电子政务移动办公系统安全技术规范	GB/T 35282—2017
GB/T 42570—2023	信息安全技术　区块链技术安全框架	—
GB/T 42574—2023	信息安全技术　个人信息处理中告知和同意的实施指南	—
GB/T 28451—2023	信息安全技术　网络入侵防御产品技术规范	GB/T 28451—2012

二、安全机制设计

数字政府的建设是一项复杂的系统工程，涉及政府信息资产的安全、数据隐私的保护以及政府机构正常运行的稳定性。在这个过程中，建立数字政府安全运营中心[1]和构建全流程的数据安全管理制度

[1] 高尚省，郭勇，高智伟，等. 广东省数字政府网络安全评估体系与实践[J]. 大数据，2021，7（2）：182-188.

至关重要[1]。这两个要点在确保政府数字化转型安全的同时，也有助于提升政府服务的质量和效率。

（一）建立数字政府安全运营中心

在数字政府建设中，确保整个数字化体系安全高效运行至关重要。建立数字政府安全运营中心，可以有效实现这一目标。该中心不仅是一个独立运营的实体，还担负起了数字政府系统安全的守护者和监督者的重任。为了履行其使命，数字政府安全运营中心应具备全局观念和顶层设计能力，构建全面、实时的安全态势感知和应急指挥体系。其核心功能应包含安全风险分析、系统防护、安全评估、风险预警、主动防御和事件处置等。这样的设计使其在数字政府体系中起到中枢纽带和支撑的作用，全面保障政府信息系统的机密性、完整性和可用性。

以新加坡为例，该国于 2015 年专门设立了网络安全局（CSA）。网络安全局与其他政府机构和私人部门合作，构建了一套全面的数字安全框架，包括实时威胁情报分享、网络监测和事件响应；2022 年更是进一步成立了数字和情报军（DIS），旨在应对和防御数字威胁[2]。这样的中心不仅能够保障政府系统的安全，同时也为整个国家的数字经

[1] 盛小平，郭道胜. 科学数据开放共享中的数据安全治理研究[J]. 图书情报工作，2020，64（22）：25-36.

[2] 清华大学战略与安全研究中心. “智慧国家”愿景及优势整合路径：新加坡人工智能发展战略[EB/OL].（2023-05-02）[2024-01-05]. https://ciss.tsinghua.edu.cn/upload_files/atta/1688371948292_A4.pdf.

济发展提供了强有力的支持。其经验表明，数字政府安全运营中心的建立对于协同推动数字安全事业和促进数字化社会的可持续发展具有显著意义。

（二）建设全流程数据安全管理制度

在数字政府的建设与运行过程中，数据展现出了高度集中、高频流动和高度开放的特点。这些数据往往涉及国家基础数据、公共数据以及个人隐私数据。因此，对于数据的采集、存储、传输和应用等处理环节的安全风险，必须给予高度重视，并通过安全运营与安全技术的紧密结合，强化和提升风险发现和应对能力，以确保数据处理流程的安全性。

为此，我们需要针对性地制定一套完善的安全管理策略，采用切实可行的安全管控技术，并规范必要的安全审计要求，以实现全流程的数据安全管理。在保障数据基本安全的基础上，我们还应密切关注同态加密、隐私计算等数据安全保护技术的最新发展，积极采用新技术提升安全防护的强度。

全流程数据安全管理制度还应遵循安全与发展并重的原则，加强对数据安全风险的管控，实现安全高效的数据开放利用，充分激发数据要素的产业价值，推动数字政府成为促进数字经济高质量发展的重要引擎。

近年来，数据安全保护立法工作在世界各国展开，典型代表包括欧盟的《通用数据保护条例》和《数据法案》、美国的受控非密信息保护制度、《加州隐私权法（CPRA）》等。2021年9月，中国也正式施行《数据安全法》，其中第四章第二十七条更是明确提出“在网络安全等级保护制度的基础上，建立健全全流程数据安全管理制度，组织开展教育培训”。

三、安全保障的人员管理体系

（一）安全管理人员设置

在建立数字政府安全运营中心和构建全流程的数据安全管理制度的框架下，网络安全责任人、数据安全负责人以及相关安全管理机构和团队的设置成为关键环节。这些职位和机构的明确定位和协同配合，有助于保障整个数字化体系的安全运行。

首先，网络安全责任人承担了确保网络安全的高层领导和管理任务。他们在网络安全策略的规划、制定和实施方面发挥关键作用，通过协调各部门的网络安全工作，确保整个网络系统的稳定性和可靠性。这种高级领导的参与不仅能够在战略层面上确保网络安全的有效性，也为网络安全策略的贯彻执行提供了重要支持。

其次，数据安全负责人职责在于保障组织的重要资产之一——数据的机密性、完整性和可用性。他们通过管理数据的存储、备份、加密和访问控制等方面，降低了数据泄露和丢失的风险。数字政府建设涉及大量敏感数据，这使数据安全负责人的角色至关重要。他们的工作直接关系到公民信息权益的保护和数字服务的可信度。安全培训负责人在提高员工安全意识方面扮演着重要角色。他们负责设计和实施培训计划，确保员工了解和遵守安全政策和最佳实践，为组织建设充分了解安全文化知识奠定基础。设立专门的安全管理机构或部门是必不可少的。这些机构负责协调和监督网络和数据安全工作、制定安全政策和程序、提供安全培训，并应对发生的安全事件。作为实施和执行安全措施的中心，安全管理机构应确保各部门遵守安全政策，从而全面提升数字政府的整体安全水平。在技术层面上，建立网络安全专家团队和数据安全团队是必要的。网络安全专家团队负责实施技术性的安全措施，如漏洞扫描、威胁检测和应急响应，以对抗复杂的威胁和攻击。与此同时，数据安全团队专注于数据的保护，包括数据加密、备份和访问控制，以确保敏感数据得到妥善处理，预防数据泄露和损坏。为了强化决策层面的支持，成立安全委员会也是一个明智的举措。由高级领导组成的安全委员会审查和批准安全政策的制定，推动政策的实施，从而确保网络和数据安全工作得到高层领导的全面支持。

最后，借助第三方安全顾问或合作伙伴的独立安全评估和审计，可以更全面地发现潜在的安全漏洞和问题，并提供改进建议。这种合作关系有助于确保全面的网络和数据安全管理，进一步提升整体网络的安全水平和数据的安全性。

（二）安全管理人才培养

在数字政府安全管理中，培养和引进高素质的网络安全人才是确保整体网络安全的关键因素。由于网络安全领域人才匮乏的现状，政府相关部门采取了多方面措施，包括资金支持网络安全人才培养院校、优惠政策引进网络安全专业人才，并加强了网络安全教育训练体系的建设，建立完善的人才发现、选拔、使用机制，以提高网络安全水平。

数字化转型过程中，对具体负责网络安全管理工作的人员来说，政治素质、法律素养、保密意识、专业水平等方面必须具备应有的要求[1]。

第一，政治素质要高，要从思想上认识到网络安全工作的重要性。没有网络安全就没有数字政府的安全，数字政府的安全是国家安全的一部分。要将国家利益放在第一要位，绝不能因为个人经济利益让国家利益、国家安全受到危害。网络安全作为国家安全总体观中的一部分，要切实重视网络安全，提高网络安全意识，贯彻落实网络安全各项规章制度。

第二，网络安全相关人员要有一定的法律素养，知法、懂法、守法，要从网络安全管理的角度出发，熟悉必要的网络安全等级保护相关法律法规，避免因工作不到位引起不可承受的后果[2]。

第三，网络安全管理相关人员要有一定的保密意识[3]，一定要管好

---

[1] 齐延平. 数智化社会的法律调控[J]. 中国法学，2022（1）：77-98.

[2] 贾春福，李瑞琪，田美琦，等. 信息安全与法学复合型人才培养模式[J]. 网络与信息安全学报，2019，5（3）：31-35.

[3] 王鹏远. 大数据背景下信息通信网络安全管理策略探索[J]. 电子通信与计算机科学，2022，4（4）：91-93.

守好用好自身工作范围内拥有权限的数据，千万不可将数据泄露，掌握的系统账号也不可以借予他人使用。

第四，网络安全管理及技术人员要积极学习新技术，跟上技术的发展、时代的进步，通过不断学习提高自身网络安全技术及管理水平。要有动态管理网络的安全理念，充分认识到随着网络系统的应用，新的威胁也可能随之产生，进而具备网络动态防御能力。

此外，制定完善的人员安全培养和管理制度是确保网络安全人才具备高水平的安全素养和专业技能，以更好地适应数字政府安全需求关键所在的必要举措，具体包括[1]如下。

（1）完善人员安全教育和培训制度，利用数字政府课堂、网络培训学院等平台，积极开展线上线下网络安全教育和宣传活动，组织参加各类网络安全意识和技能培训，并将学习效果纳入部门考核。

（2）进一步明确网络安全人员的安全工作考核原则、内容、组织形式以及问责机制，巩固不同岗位人员的安全责任，夯实安全管理基础。

（3）建立供应商人员管理机制，确保与供应商服务人员签订保密协议，定期进行网络安全教育与意识培训，明确供应商人员的安全职责，以避免因人而导致的网络安全问题。

---

[1] 广东省“数字政府”改革建设工作领导小组办公室.2022广东省数字政府网络安全指数评估报告[R/OL].（2023-02-20）[2024-01-08].https://www.gd.gov.cn/attachment/0/513/513906/4097252.pdf.

第三节

如何构建安全保障技术体系

安全保障技术体系是指由一系列安全保障机制构成的安全系统。建立健全安全保障技术体系可以有效防止和抵御信息安全威胁，保护计算机网络、信息系统、数据以及其他敏感信息的保密性、完整性和可用性。按照信息安全应用的领域，安全保障技术体系可以分为网络安全技术、数据安全技术、系统安全技术和应用安全技术四大部分。

一、网络安全技术

网络空间由独立且相互依存的信息技术基础设施和计算机网络组成。随着信息系统与网络越来越复杂，国家关键基础设施的互联与可访问性不断增强，网络安全问题逐渐突出，主要体现在网络运行、信息通信、身份验证等方面。基本的安全威胁有信息泄露、完整性破坏、拒绝服务、非法使用等[1]。网络安全技术用于保护计算机网络及其相关设施、系统和数据等免受网络威胁和攻击的影响，既要保证内部

[1] 刘建伟，王育民. 网络安全技术与实战[M]. 北京：清华大学出版社，2017.

局域网的安全，也要保证内部与外部网络数据交换的安全，其核心技术分为入侵检测与防御、传输安全、网络加密与密钥管理。

入侵检测与防御系统负责监视网络系统和主机的运行情况，尽最大可能发现攻击企图和入侵行为，以便在检测到可疑活动时发出警报，主动采取有效的防范措施降低危害。按照数据来源的不同，入侵检测技术分为基于主机的入侵检测、基于网络的入侵检测和混合型入侵检测。入侵检测技术通过侦听进入主机和关键网络的信息流，监视和分析审计记录，及时发现攻击行为，保护网络资源。与传统的检测方法相比，深度神经网络在网络检测上表现出高效的处理能力，已在网络空间安全防御领域中得到广泛的应用。防火墙作为入侵检测系统的前置防线，是位于互联网与内部网络之间的一种高级访问控制设备。它通过定义和实施访问控制策略，使用分组过滤路由器或应用代理服务器保护网络，一方面阻止外网对可信网络的未授权访问，另一方面允许内网进行Web访问或电子邮件收发等[1]。防火墙技术包括网络地址转换（NAT）、数据库防火墙、Web防火墙、工控防火墙、下一代防火墙技术。譬如零信任网络根据最小权限原则，只授予用户和系统执行特定任务所需的最少权限，并开展持续验证，不断验证用户和设备的信任度。

在网上银行、电子商务等数据敏感度高的场景中，传输安全显得尤为重要。传输安全技术通过数据加密、身份验证、数据完整性校验等方式，保障传输过程中的信息安全，其主要包括虚拟专用网

[1] 新华三人才研学中心. 路由交换技术详解与实战[M]. 北京：清华大学出版社，2018.

（VPN）和安全外壳协议（SSH）两项技术。VPN 利用公共网络构建私人专用网络，将用户的数据加密并隧道化，提供身份认证、信息认证、访问控制等服务，防止数据在传输过程中被窃听和篡改。SSH 主要用于在客户端和服务器之间建立安全连接，使用口令和密钥等安全验证方式保障数据的安全、高效传输[1]。

网络加密指在网络传输层提供加密服务，以防止数据在通过公共网络传输过程中被监视、篡改和伪造。网络加密对于终端用户来说是透明的，数据只在传输时被加密处理，而在收发端是以明文的形式显示的。网络加密方式分为链路加密、节点加密、端到端加密、混合加密。链路加密在信息发送前加密，提供了信号流的安全机制，中间结点安全性的维护成本较高。节点加密在安全模块中加 / 解密信息，避免消息泄露。端到端加密指在数据传输过程中报文始终以密文形式存在。它比链路和节点加密更安全可靠，易于设计和维护，但不能抵抗业务流分析攻击。混合加密则是将链路、端到端两种加密技术组合起来。从成本、灵活性和安全性来看，端到端加密方式的综合表现更优。网络加密的一大关键是密钥管理。它贯穿于网络加密的整个过程，包括密钥的生成、存储、分发、更新、销毁、审计等。其中，密钥分发则是密钥管理能否有效实现的重要环节之一，其主要目标是利用安全信道、密钥交换协议（Diffie-Hellman 和基于椭圆曲线的 Diffie-Hellman）、数字证书、公钥基础设施（PKI）等技术手段保证密钥的安全传输和完整合法。

[1] 陈文周，代守群. 基于SSH的安全通讯研究与应用[J]. 数据通信，2018（2）：5-9.

二、数据安全技术

在数字信息时代，数据共享日益增强，数据的安全保密越来越重要。信息安全的 CIA 安全模型体现了数据的保密性、完整性和可用性三个特点。

保密性是指信息资源仅被合法访问，可以使用数据加密、隐私计算、访问控制等技术来保障。数据加密是防止数据在存储和传输过程中丢失的有效手段。它使用一定的算法将原始数据转换成密文。根据加 / 解密钥是否一致，加密算法技术可以分为对称加密技术和公钥加密技术两类。隐私计算技术在保护数据不被泄露的前提下实现数据价值的转化和释放，主要分为多方安全计算、联邦学习、可信执行环境三大研究方向。访问控制是指对系统资源进行访问限制的一种方法，按照控制类型，可以分为自主性访问控制、强制性访问控制、基于角色的访问控制和基于属性的访问控制，其主要目标是防止非法用户进入和阻止合法用户越权访问。

完整性是指保护数据免受未授权的修改和篡改，通常使用数据校验、数字签名、数字水印、区块链等技术来保障。数据校验是指比较传输前后的校验值，以检测数据在传输过程中是否被篡改。数字签名技术使用加密技术验证数据的来源和完整性。数字水印在数字图像、音频、视频等数字产品中嵌入秘密信息以保护版权、跟踪盗版行为、匿名通信等。区块链技术通过分布式账本以及哈希算法确保数据不被非法修改。

可用性是指数据或资源的特性，被授权用户按要求能访问和使用数据或资源，一般使用数据备份、冗余设计、数据恢复等技术来保障。数据备份技术定期将数据复制到其他存储介质或位置，以防数据丢失。冗余设计通过在多个地理位置存储数据副本，避免由于自然灾害等原因导致的数据丢失。即使在数据丢失或损坏后，利用备份的数据也能及时恢复。

三、系统安全技术

系统安全主要是指在访问控制、身份验证、数据保护、病毒和恶意软件防护、系统备份和恢复等方面采取一系列措施，防范外部的恶意攻击，保障计算机操作系统的可用性、机密性与完整性。

操作系统负责管理各种软、硬资源，控制用户和应用程序的工作进程，将系统各部件有机地融合成一个整体。攻击者会利用系统漏洞发起进攻，达到窃取、篡改数据和毁灭系统的目的。为了避免这些恶意攻击，在系统的设计、开发、部署和维护过程中应当采取必要的安全措施。如合理设计系统架构、加强输入验证和数据过滤、使用安全加密技术、限制用户权限、定期更新系统和漏洞修复等[1]。其中，访问控制和权限管理是非常重要的安全和保护技术，它们通过用户身份验证、文件系统和进程的权限控制、审计日志记录等手段，为用户处理信息提供安全的软件环境。进程隔离和沙箱技术通过隔离应用程序或服务的运行环境，限制其网络访问、文件访问、注册表访问、系统调

[1] Pinuoca0. 计算机操作系统安全和保护 [EB/OL].（2023-05-02）[2024-01-05]. https://blog.csdn.net/weixin_74337975/article/details/130458173.

用等权限，避免恶意软件攻击导致的程序崩溃和数据泄漏问题，为应用程序运行提供安全可靠的运行环境。

四、应用安全技术

在应用程序的整个生命周期内，应用安全负责检测和修复程序中的安全漏洞，保护软件以及软件所运行的系统，防止程序被攻击、破坏和滥用。根据应用系统的不同，应用安全可以被进一步细分为：数据库安全、Web 安全、电子邮件安全。

数据库安全也叫系统运行安全，面对非授权的信息泄露、数据篡改、拒绝服务等安全问题，系统会采取用户身份鉴别、多层存取控制、数据审计、视图机制、数据加密、推理控制、隐蔽信道、数据隐私保护等技术手段保护数据库，防止不合法使用所造成的数据泄露、恶意存取和篡改破坏。数据库管理系统必须通过授权机制响应访问请求，保证仅授权用户行使指定权限，同时推理控制机制避免了用户利用其能访问的数据推知更高密级的数据[1]。一般情况下，系统还被要求保留日志文件，以便调查分析入侵者或发现系统的安全弱点。

Web 应用程序具有广泛性和复杂性。Web 应用程序安全防御是保障 Web 应用程序安全的重要措施，如 Web 应用程序防火墙、输入验证、权限管理、错误处理、反向代理、二次验证等技术，为用户的

[1] 王珊，萨师煊. 数据库系统概论[M]. 北京：高等教育出版社，2014.

应用安全保驾护航。此外，一些安全检测和应急响应措施也至关重要，如安全审计、漏洞扫描、应急预案等[1]。病毒、木马、蠕虫等恶意代码会利用应用程序进行传播，同时应用程序中存在的漏洞也可能会被攻击者利用，导致控制权丢失，对系统造成威胁。因此，应用程序的开发者需要对应用程序进行扫描和防护，借助扫描工具（如OWASP-Dependency-Check）识别项目依赖项并检查是否存在公开披露的漏洞，利用静态代码分析工具（如 Fortify、Checkmarx CxSuite、CodeSecure）发现和修复安全漏洞，以保护应用程序的安全。

此外，电子邮件的普及也带来了各种各样的安全问题，如 SMTP 安全漏洞、木马附件、钓鱼邮件、邮件炸弹等。为防范攻击者获取或篡改邮件、传播恶意软件，PGP 端到端加密、SSL/TLS、数字证书、SPF 域名验证、代理防护墙、实时监控、病毒识别等技术应运而生，以确保邮件通信的安全。其中，PGP 是当前最普遍的公钥加密软件包。它利用单钥或公钥加密算法保护计算机上存储的文件和电子邮件（只有指定用户才可以根据密钥解密获取相应的信息），是防护电子邮件安全的重要手段之一。

五、安全系统建设

构建一套有效的安全系统是政府、企业和社会组织必须面对的重

[1] Kali与编程. Web应用程序安全 [EB/OL].（2023-08-23）[2024-01-05]. https://zhuanlan.zhihu.com/p/651822726?utm_id=0.

要课题。安全防护体系的构建应结合实际网络特点和系统结构，多维度、多层次、多角度地展开安全分析，围绕信息价值这一核心点，以安全风险、安全策略为基础，保障信息系统的保密性、完整性和可用性。在实际操作中，应遵循重点保护、管理与技术并重、动态调整的原则，从网络安全、系统安全的角度进行系统的安全技术方案设计，保障信息系统安全等级保护水平达到组织要求。

在信息安全系统建设初期，机房使用防火墙、入侵防御等设备对不同的安全域进行隔离，避免重要网络区域部署在网络边界处且没有边界防护措施，同时使用链路聚合、Smart Link、VRRP 等高可靠性技术，提供通信线路、关键网络设备的冗余备份，保证系统的可用性。同时，建立堡垒主机管理系统、数字证书系统、综合日志审计系统、漏洞扫描系统、信息安全态势感知系统等主要模块，加强安全管理，充分满足网络架构、通信传输、边界防护、访问控制、入侵防范、恶意代码防范、安全审计、集中管控等要求。

堡垒主机管理系统旨在实现安全的外部访问，包括身份鉴别认证、访问控制和远程管理三大模块。在身份鉴别上，系统采用多重鉴别技术，确保登录用户身份的唯一性和鉴别信息的复杂性，并定期更换。同时，通过分配账号权限、重命名或修改默认账号口令，以及限制非法登录次数等措施，加强登录安全。在访问控制方面，授权主体配置策略，明确主体对客体的访问权限，粒度精确至用户级或进程级、文件或数据库表级。通过分配角色、限制通信接口、优化访问控制列表，确保仅授权用户可访问系统资源。此外，系统还通过检查数据包信息，实现数据流的精准控制。在远程管理上，系统利用防火墙和安全策略等技术，防止鉴别信息被窃听或篡改，并限制非授权设备的接入和外连。

数字证书系统建设一般采用校验和或加 / 解密技术，以防止通信过程中数据泄露或破坏，保证敏感信息字段或整个报文的保密性。用户群体均通过行业专网访问系统，设有 VPN 设备，SSL 网关支持 SM2、SM4 等商用密码算法，可支持数字证书颁发机构（CA）颁发的数字证书和集群部署。

漏洞扫描系统需要在关键网络节点处检测、分析和限制从内部或外部发起的网络攻击行为，发出警报，并检测清除恶意代码、垃圾邮件。该系统通过限制管理终端接入方式和网络地址范围，发现可能存在的漏洞并修补。建议采用可信计算技术建立从系统到应用的信任链，确保重要程序或文件的完整性，并在检测到破坏后进行恢复。

综合日志审计系统对网络边界、重要网络节点进行安全审计，审计覆盖到每个用户，记录重要的用户行为和重要安全事件的日期和时间、用户、事件类型、事件是否成功及其他与审计相关的信息，如对远程访问的用户行为、访问互联网的用户行为等单独进行行为审计和数据分析。同时，使用专业的数据存储管理软件对审计记录进行保护和定期备份，避免受到未预期的删除、修改或覆盖等攻击。

信息安全态势感知系统通过划分特定管理区域，建立安全信息传输途径，集中管控网络中的安全设备和组件，监测网络链路、设备和服务器的运行状况，收集汇总审计数据并进行集中分析，管理安全策略、恶意代码和补丁升级，识别、报警和分析各类安全事件。如限制用户或进程对系统资源的最大使用，监视重要节点资源使用情况以进行资源控制。

在工程建设的中后期，系统应接入网络安全评估及监测预警信息平台，确保信息系统满足网络安全评估及监测预警信息平台相关规范要求。风险评估遵循 PDCA[1] 原则，通过历史事件分析、现状梳理、管理调查、人员访谈、技术调查等方式，收集并整理安全威胁和漏洞、安全需求和差距、基线风险评估等文件报告。应定期评估信息系统的脆弱性、被威胁的可能性等问题，以制定相应的应对策略。

总的来看，信息安全系统建设的宗旨是在综合考虑成本与效益的前提下，通过安全措施来控制安全风险。该系统需要"攻、防、测、控、管、评"多个方面的基础理论和技术，以建立组织安全体系，保护数据和资产免受安全威胁。信息系统建设单位必须兼顾信息网络的风险评估与分析、安全需求分析、整体安全策略、安全模型、安全体系结构的开发、信息安全技术标准的制定、信息安全工程的实施与监理、信息安全意识的培训等，全面考虑从硬件到软件、从主机到网络、从数据到内容等不同层次的安全问题及解决手段。

[1] PDCA，即是计划（Plan）、实施（Do）、检查（Check）、处理（Act）的首字母组合。——编者注

第八章

推进组织变革

为了释放数字技术的潜能，组织重新定义使命、愿景和战略，以驱动并引领数字化转型。但要真正落实数字化转型的价值，组织的架构、运营模式、组织文化以及个人的行为习惯等方面需要随之变化，否则数字化技术只会将传统的绩效流程升级为低效的数字化流程。

数字化转型不能脱离对“人”的思考。“人”构成的组织决定了组织的长期发展乃至最终效率的提升。如何建立重量级的领导团队、打造极富执行力的改革团队、引入高价值的外部团队，最终实现人的工作、人的协同、人的创造，是本章节要解答的问题。

围绕组织如何调整运行以推进数字化转型这一核心，本章将从组织变革的必要性和变革路径出发，主要围绕内外部人员如何分配协同、策略如何选择实施两大方面展开详细论述。

第一节

组织需要转型吗

一、数字化下的组织挑战

组织理论认为组织的一致性是实现企业最佳绩效的主要因素，只有当组织的基本元素（人员、任务、结构、文化）紧密结合时，其才能真正斩获佳绩（图 8-1）[1]。遵循这一理论，当组织的基本元素处于数字化环境中时，环境会和元素发生相互作用，此时组织就需要重新调整各元素，从而和数字化环境的功能、特性保持一致。

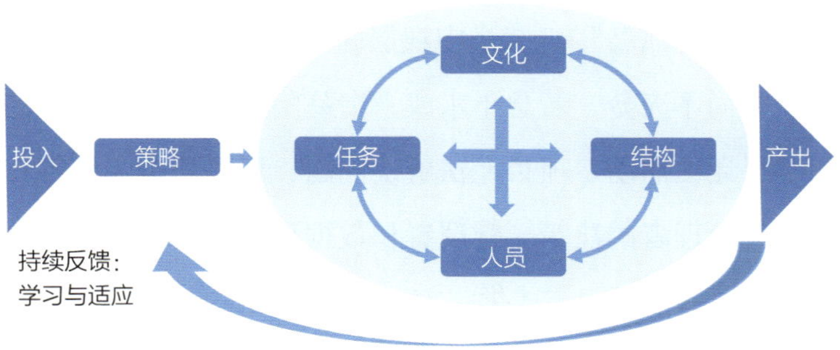

图 8-1　组织彼此协调的基本元素

[1] Nadler D A, Tushman M L. A model for diagnosing organizational behavior[J]. Organizational Dynamics, 1980，9（2）：35-51.

举例来说，组织通过智慧大屏来实现经营指标的可视化，这是数字化转型的表现之一。在可视化的背后，组织的基本元素会发生什么变化？运营流程如何衔接？组织人员如何协调？这些才是决定可视化是否能成功的关键问题。

技术和组织之间从来都不是单向因果关系，组织转型是数字化落地的必要条件。数字化环境下，任一元素的调整失败都可能迎来数字化转型的失败。

二、组织为什么会转型失败

政府数字化转型过程中，失败的原因有很多：

一是宏观层面上，庞大组织架构下，政府部门各自为政，这种分散使得数据整合困难、项目无法衔接，易导致“信息烟囱”（又称“数据烟囱”“信息孤岛”）；二是中观层面上，由于组织协调性、成熟度和相关能力尚不充分，若急于求成，则易陷入复杂、高成本的项目陷阱，如项目无法启动、项目无法解决问题、项目质量欠缺等；三是微观层面上，管理者的决策、管理者和数据科学家（分析者）的互动都可能带来错误的领导，造成供需差异、期望错误等（表 8-1）。[1]

[1] Kempeneer, S., & Heylen, F.（2023）. Virtual state, where are you? A literature review, framework and agenda for failed digital transformation. Big Data & Society, 10（1）, 1-13.

表 8-1　政府数字化转型失败的原因

层次	失败原因	失败表现
宏观：组织范式	分散	无法创建高质量的数据集 项目无法衔接 跨部门系统或平台无法链接
中观：组织协调性、成熟度和能力	缺少组织协调性	项目与组织活动、战略之间不匹配 无法解决现有系统内问题
	成熟度低	缺少内外部合作，项目无法启动，合作中易出现数据威胁、供应商锁定问题
	能力低	数据利用不足 低质量服务 算法决策偏见
微观：人	管理者认知固化	不想要的结果 错过机会
	管理者和分析者间存在认知差异	误解 错误的期望 供需差异

美国的加州财务管理系统（FI$Cal）便是典型的失败项目[1]，其失败的原因有四：一是政府过于“庞大”，涉及多个机构的财务系统的整合迭代；二是在项目进展过程中缺乏系统的测试运行，导致很多功

[1] 海国图智研究院. 美国加州电子政务建设失败的启示[EB/OL].（2020-12-19）[2023-12-07].https://www.secrss.com/articles/28069.

能未被更新或纳入；三是对成本效益的分析不足，一味地扩大新功能不代表有效，无用的功能只会让系统付出更多的代价；四是政府决策过于激进，在项目未有效运行前，便决定以该项目覆盖所有财务服务系统。

专栏 8-1

失败的政府信息化项目：加州财务管理系统（FI$Cal）

FI $ Cal 项目是美国加州历史上最昂贵的项目之一，该项目历经 15 年之久，由多个单独机构的信息技术系统拼凑而成，旨在整合加州会计、预算、现金管理和采购流程等多个业务。2005 年被提出时，该项目设定 6 年期限、1.38 亿美元预算。一年半后，政府决定将该项目广泛替代加州所有财务管理基础设施，将价格标签提高到原始金额的近 10 倍（13 亿美元），并扩大了第二年更新的项目计划，将成本提高至超过 16 亿美元，并将完成日期推迟到 2017 年。

尽管加州希望 FI $ Cal 覆盖全州的财务服务系统，但仍有很多旧系统的功能未被更新或纳入，因此政府很难迫使这些机构停用其旧系统。但同时运行多个系统无疑会导致严重的浪费和效率低下。另外，FI $ Cal 系统内一些旧有的功能也因老化而无法正常运行。加州政府十几年来一直尝试扩大系统功能，当项目持续超出预算，错过了截止日期，未能按要求执行时，政府便尝试降低项目设定的目标。目前，加州对于 FI $ Cal 的成本和完整实施日期的担忧已经足够严重，对于它是否会真正按预期工作，也存在严重的疑问。

企业数字化转型中同样面临类似的问题，排名前列的原因，不是方案和技术，而是组织与人：员工抵制，领导支持力度不够，期望过高，项目管理不善，商业案例无说服力项目团队技能不足，范围扩大 / 不确定性无组织变革计划，等等（图 8-2）。[1]

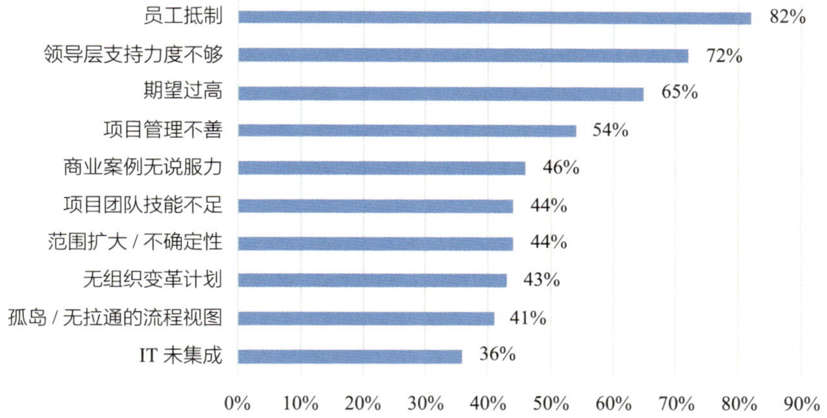

图 8-2　企业数字化转型失败原因统计

纵览上述失败原因，组织也不得不回应数字化转型所面临的一系列核心问题：高层迟迟无法形成共识，该怎么决策？如何调动业务部门的积极性，主动开展转型？转型过程中个别部门利益与转型方向不一致时如何处理？发起组织变革最佳的时间节点是何时？

[1] 华为企业架构与变革管理部. 华为数字化转型之道[M]. 北京：机械工业出版社，2022.

三、哪些组织转型成功了

数字化转型成功的组织呈现两大特点：协同和敏捷。

（一）协同的组织：组织内和组织外协同

协同一直是数字政府建设的关键所在，国务院《关于加强数字政府建设的指导意见》中多次提到，“坚持整体协调的基本原则，提升跨层级、跨地域、跨系统、跨部门、跨业务的协同管理和服务”，“构建协同高效的政府数字化履职能力体系”，等等。

组织内协同是指调整组织内成员的责任和角色认知，使每个个体的动机与行为与组织整体目标与成果相匹配。区别于分工体系中完成自己的任务和目标，协同体系不仅要完成自己的任务和目标，也要帮助完成他人的任务和目标（表 8-2）。这种充分激活个体的方式可以是对组织结构划分小单元、去中心化，也可以是建立信任关系，通过信任来降低成员因不确定性、利益倾向和路径依赖所产生的投机行为[1]。

组织外协同的核心是“集群智、纳群策、聚群力”，激活并利用群体智慧，为新需求提供新价值。在数字政府建设中，典型场景之一便是如以某个应用场景为中心，快速聚合一批具有不同专长的企业，让不同要素在一个共同目标下工作。但这种组织外协同的实现，必须

[1] 陈春花，朱丽. 协同：数字化时代组织效率的本质[M]. 北京：机械工业出版社，2019.

表 8-2 分工体系和协同体系的对比

	分工体系	协同体系
核心内容与理论	分工理论，分工与专业化提升效率	协同理论，"1+1 ＞ 2"
责任	独立分散的责任体系	合作协同的责任体系
角色认知	完成自己的任务和目标	完成自己的任务和目标，协同完成他人的任务和目标
价值贡献	贡献局部价值	贡献整体价值

满足三个前提条件：①协同对象拥有独立思考的能力，能在相互交流下，得出各自的结论；②所实现的目标或解决的问题须有确切的答案；③协同对象需要面对同一目标或问题[1]。

（二）敏捷的组织：刚柔并济

如何看待数字化时代组织敏捷性的重要性？我们可以先看一个问题："100% 正确的答案和 70% 正确的答案，哪个是更优解？"面对这个问题我们必须考虑"抢占先机"这一关键。就好比考试，在规定时间内做出 70% 正确率的试题远远优于超过答题时间的 100% 正确率[2]。

---

1. 兰·费雪. 完美的群体：如何掌控群体智慧的力量[M]. 邓逗逗，译. 浙江：浙江人民出版社，2013.
2. 谢仁杰，邓斌. 数字化路径：从蓝图到实施图[M]. 北京：人民邮电出版社，2021.

组织敏捷性的概念最早源于制造业，美国政府发布的《21 世纪制造企业战略》报告中，将敏捷性定位为 21 世纪制造企业发展战略，后逐步浸润延伸至更为广泛的政府治理。2018 年世界经济论坛正式提出政府领域的敏捷治理概念，将其定义为“具有柔韧性、流动性、灵活性和适应性的行动或方法，是一种自适应、以人为本以及具有包容性的可持续决策过程，能够在最短时间内推动政府政策的制定、审议、颁布和执行”[1]。

敏捷的特点是刚柔并济，既有稳定的基础，也有动态的能力[2]。稳定的基础是指在组织流程、结构和文化上的稳定性，有清晰的组织边界和员工职责范围，有精益高效的运作流程，也有共同目标和价值观。而所谓动态能力，则是指面对变化的内外部情况，对目标进行优先排序的战略决策能力，两者相辅相成。

然而，不论是协同，还是敏捷，我们不难发现两者之间的共通之处：人的分配、事的决策。这两方面是组织走向成功的关键。

四、如何走向成功

上述核心问题与组织特点决定了组织需要一套强有力的变革治理

[1] World Economic Forum. Agile governance：Reimagining policy-making in the fourth industrial revolution[EB/OL].（2018-04-24）[2023-11-27].https://www3.weforum.org/docs/WEF_Agile_Governance_Reimagining_Policy-making_4IR_report.pdf.

[2] 尤尔根·梅菲特，沙莎. 从1到N：企业数字化生存指南[M]. 上海：上海交通大学出版社，2018.

体系。在面对复杂的业务、组织形态以及众多利益干系人时，组织要能有序推进数字化转型。归纳组织变革的路径，需要从两个关键问题出发[1]：

人的分配：我们如何成规模地组建、管理数字化转型的团队？

事的决策：我们如何设计并实施策略，以释放组织最大潜能？

（一）硬要素：界定清晰的团队

我们要对组织内人员、职位、相互关系、信息等要素进行有效排列组合，有稳定、简单的高层团队结构作为基础骨干架构，其负责讨论如何平衡职能部门及业务部门之间的目标。骨干架构之外的分支架构通常由小模块单元组成，每个单元都具有明确的使命和自主的决策权。它们会围绕某一具体业务领域，或某个端到端的流程展开运作。

具体而言，其包括三要素：一是分工，如何分配工作？如何整合工作？如何组织关键职能？二是员工。如何根据整体目标来实现员工协同？三是领导。领导层的构成如何？领导如何看待其职责？领导如何决策？等等。

（二）软要素：最佳的行动策略

行动策略设定了组织成功的目标和实现目标所需的技能、路径、

[1] 尤尔根·梅菲特，沙莎. 从1到N：企业数字化生存指南[M]. 上海：上海交通大学出版社，2018.

标准等。其中，目标包括阐明组织立志成为什么、想要到达何处，比如：提供哪些数字化产品和服务？优先行动什么？哪些行动需要跨职能合作？技能是指组织的工作能力，比如：识别和明确哪些问题可以用数字化技术解决，认识并缓解数字化技术背后的风险，分析未来面临的挑战。价值观则是指组织的工作方式，如决策流程、行为规范等（图 8-3）。

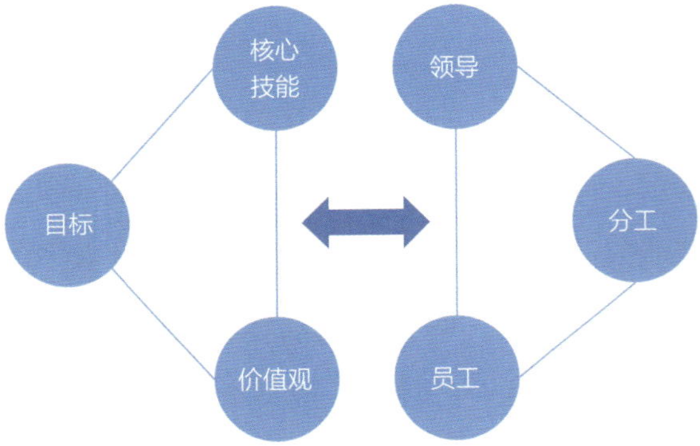

图 8-3　组织推进数字化转型的基础体系

第二节

如何搭建一支数字化团队

数字化团队主要由领导团队、改革团队、外部团队这三种团队构成。不同的团队担任不同的职责，协同推进组织数字化转型。

一、领导团队

（一）一把手工程

数字化和信息化最大的区别在于，数字化服务于业务价值链的重塑、管理的变革。管理层需要走在数字化转型的最前沿，主导整个过程，构建重量级的领导团队，持续构建数字化领导力。要负责批准组织重大变革项目的立项和关闭、变革预算，发布治理规则并对相关领域问题进行指导，以及批准各领域的数字化转型规划。

最高领导者是组织整体数字化转型的第一责任人，要确保变革战略和规划的落地，而业务部门一把手是细分领域数字化转型的第一责任人，负责制定业务变革战略，以满足业务发展需要[1]。各地数字政府领导小组成员往往由政府主要领导、分管领导、部门一把手组成（图 8-4）。在企业中，比如华为，其供应链数字化转型变革的一把手是华为首席供应商，运营商业务数字化转型变革的一把手是运营商 BG 总裁。

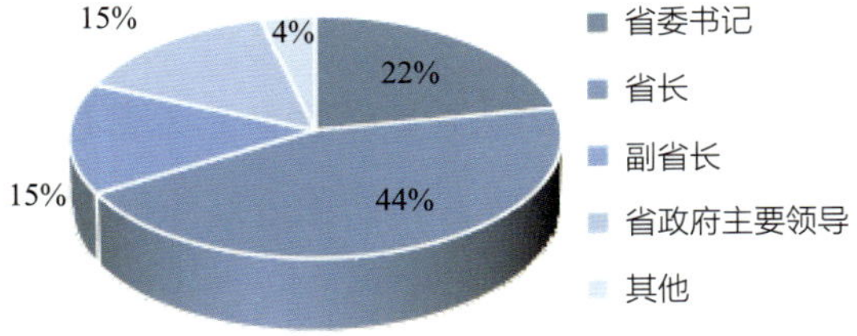

图 8-4　部分省市数字政府建设领导小组基本情况

资料来源：根据新京智库《26 省份设数字政府建设领导小组，多位书记省长任组长》整理。

（二）一把手的职责

一把手要亲力亲为，主动在体制机制上做一些前瞻性、系统性、穿透性的思考谋划，带头梳理核心业务、开展调查研究、调度优势资源[2]。一把手的职责着重从以下五个方面展开。

1. 达成战略共识

许多组织都曾抱怨团队在转型变革中的执行力度差的问题，背后原因在于组织战略和制度并未受到管理层和执行层认可，但迫于领导

---

[1] 周良军，邓斌. 华为数字化转型：企业持续有效增长的新引擎[M]. 北京：人民邮电出版社，2021.

[2] 林光明. 敏捷基因：数字纪元的组织、人才和领导力[M]. 北京：机械工业出版社，2020.

权威，众人也不会明面反对，最终导致计划沦为一纸空文。为避免这种情况，一把手需要明确整体目标和愿景，让成员理解并为此努力和贡献价值，包括组织想要的未来图景、期望达到的短期和长期里程碑，以及如何达到目的等[1]。在华为数字化转型初期，为推进 IBM 的数字化战略规划咨询项目，CEO 任正非全程参与，带动业务主管和 IBM 顾问研讨达 30 多次，80 多名主管参加了项目阶段汇报会[2]。

2. 克服阻力

强力推行组织变革，克服阻力，持续推动变革的实施。数字化转型涉及所有利益干系人的权责变更，因此从来都是顶着阻力在未知中艰难地实现的。正如美国麻省理工学院和著名咨询公司 Capgemini 联合在调研中所说的："我们没见过任何一个由下而上的数字化转型成功的案例。"驱动数字化转型高度依赖强有力的、从上到下各个层级的领导者的推动。

3. 集成力量

构建与维护网络、平台，整合各方力量，维护全局利益。数字纪元是个网络化的纪元，表现为信息传递网络化、人际协作网络化。领导者需要构建网络平台，让尽量多的人入网，成为网络的新节点。

4. 赋能文化

创建并维护企业数字化转型文化，让人才和团队自然成长。企业文化理论奠基人埃德加 · 沙因（Edgar H.Schen）说过："领导者是文化

[1] 陈春花，朱丽. 协同：数字化时代组织效率的本质[M]. 北京：机械工业出版社，2019.

[2] 周良军，邓斌. 华为数字化转型：企业持续有效增长的新引擎[M]. 北京：人民邮电出版社，2021.

创建者、管理者。”好的企业文化应该领导者是会放权，愿意让成员拥有决策、行动的权力，培养成员解决问题的能力，会赋予成员各种资源、工具，使其能够达成自己的目标。

5. 以练代培

在实践中培养数字化领导力和数字化核心能力，包括数字化转型规划能力、数字化转型管理能力、数字化转型人才培育能力。在华为，任正非一直将变革项目作为培养干部数字领导力的摇篮和途径。随着数字化广泛应用于业务中，业务管理者也应逐渐理解和学会如何运用数字化语境，从单纯的业务管理者转变成为具有数字化能力的混合型管理者[1]。

二、改革团队

（一）团队定位和目标

1. 建立跨部门、跨层级的团队

基于分工原则，依照工作确定牵头部门、协同部门，以跨层级联动、跨事权集成、跨部门的联调，共同推进各模块任务，最终进行集成整合（图 8-5）。一般由牵头部门负责制订并优化建设方案，包括建设目标、重点任务、数据需求、问题清单等内容，统筹部门协同推进转型工作，并联合各市县层级并进。例如事业单位“一件事”改革

[1] 周良军，邓斌. 华为数字化转型：企业持续有效增长的新引擎[M]. 北京：人民邮电出版社，2021.

是由浙江省人社厅、省委组织部、省大数据局牵头成立专班，医保、公积金等多部门全力配合参与创建的。

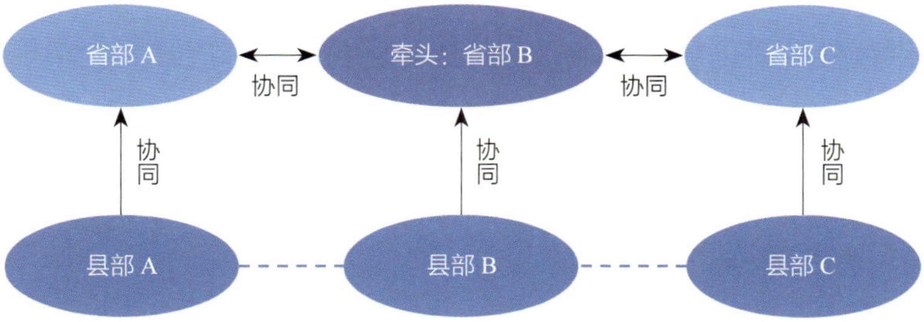

图 8-5　数字政府跨部门、跨层级架构[1]

2. 建立业务和技术融合的团队

数字化转型是业务和数字化的融合，由业务和技术双轮驱动。目前主流已形成了四种业务和技术融合的团队结构形式[2]：

业务部门牵头，单独负责技术。

覆盖跨业务部门的数字技术团队，每个业务单元中嵌入专有数字角色，且有专门的团队协调跨业务单元的活动。

创新数字化中心，协调各业务部门开展工作与提供服务。

独立的数字部门，受管理者直接领导，专注于数字能力提升和产品开发。

当然在实践中，这四类团队形式有可能是组合式出现的，例如大

[1] 郁建兴，周幸钰. 数字技术应用与政府创新的双向互构——基于浙江省“三张清单”数字化改革的分析[J]. 经济社会体制比较，2023（1）：133-143.

[2] Bain&Company.Organizing for a Digital World——How to adjust the operating model and revive stalled digital efforts[EB/OL].（2018-02-08）[2023-12-06].https://www.bain.com/insights/organizing-for-a-digital-world/.

数据发展管理局负责组织、指导、协调公共数据和政府系统电子政务发展管理工作，也负责政府系统电子政务基础设施建设管理。企业中，华为的流程与 IT 管理部门[1]，作为公司一级部门，既面向业务部门提供流程数字化解决方案，也负责协调各业务部门开展变革规划与变革项目管理，同时也专注于数字化产品的打造。

（二）成员选择和任务分工

改革团队往往包括三个角色：整个团队的负责人、业务主要角色、技术主要角色（图 8-6）。

1. 团队负责人

担任战略科学家角色，也称首席数据官、首席运营官、首席技术官等。一般由一把手或分管信息工作的副职领导担任，职责是明确数字化方向、目标和实施路径。

2. 业务主要角色

（1）业务场景师：也可称其为业务专家，一般由各部门业务骨干组成，也可邀请项目的各应用方和受益方参与，遵循“为谁建、给谁用、听谁话”原则。负责面向业务场景输出解决方案，找准需求，推动业务场景目标和战略落地。

（2）业务架构师 / 业务设计师：负责围绕业务场景需求展开架构

[1] 周良军，邓斌. 华为数字化转型：企业持续有效增长的新引擎[M]. 北京：人民邮电出版社，2021.

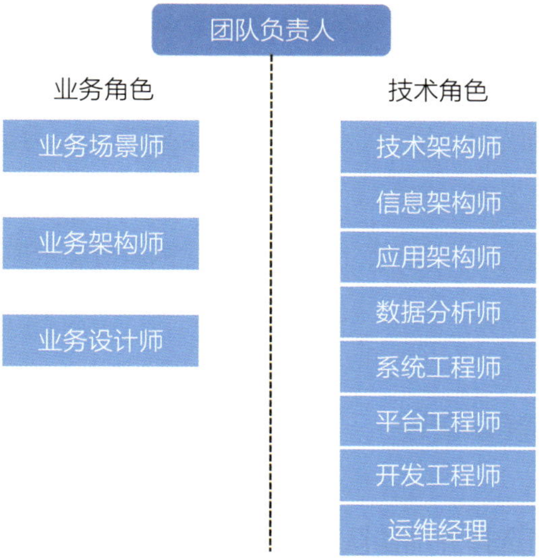

图 8-6　改革团队角色构成

资料来源：周良军，邓斌．华为数字化转型：企业持续有效增长的新引擎[M]．北京：人民邮电出版社，2021.

设计，出具转型规划和实施路径报告。

3. 技术主要角色

（1）技术架构师 / 信息架构师 / 应用架构师：受业务架构驱动，负责解决产品或应用架构中的技术问题。

（2）数据分析师：包括数据工程师、算法专家，能有效利用开源工具，进行建模调优和数据清洗、分析和处理。一般委托技术公司或科研院校的技术团队担任。

（3）系统工程师 / 平台工程师 / 开发工程师：对系统应用、产品模块进行设计、开发、测试和交付。数字化工作一定要有传承性、连续性，一般会优先选择搭建原信息化平台的承建者（如各单位下属信息中心）。该角色不能频繁更换，即使被更换也要确保团队间的衔接。

（4）运维经理：负责系统应用运维计划和保障机制的制定，处理系统运行中的异常问题。

在多个不同专业、不同领域成员构成的团队中，为确保任务分工合理、稳步推进，组织需要建立端到端的责任制，明确团队为哪些业务指标负责、需要进行哪些决策，同时以透明化的看板展示现状进度。

三、外部团队管理

（一）如何选择外部团队

企业为保持市场核心竞争力，可能只会在开发编程、软件包实施技术、维护支持等非核心能力上选择外包。政府并非经济利益导向，从业务咨询到开发设计均可以选择合适的外部团队进行合作。但无论如何，适当的外部合作与正确的合作伙伴无疑可以帮助组织优化资源配置，借力实现风险管理、成本控制和能力提升。

1. 以业务为导向，明确外部团队类型

目前根据业务领域划分，主流的外部团队可分为六类[1]：IT服务咨询、管理咨询、IT 服务和外包、数字化创意和代理机构、企业软件公司和云平台公司。这些企业在服务侧重点和服务能力上有所差异（图 8-7），如管理咨询类公司可能更擅长业务和管理咨询、技术和应用

[1] 艾瑞咨询. 中国企业数字化转型路径实践研究报告[R/OL].（2021-01-08）[2023-12-6]. https://report.iresearch.cn/report/202101/3720.shtml.

战略制定；IT 服务咨询公司侧重于数据分析、系统集成实施等方面。

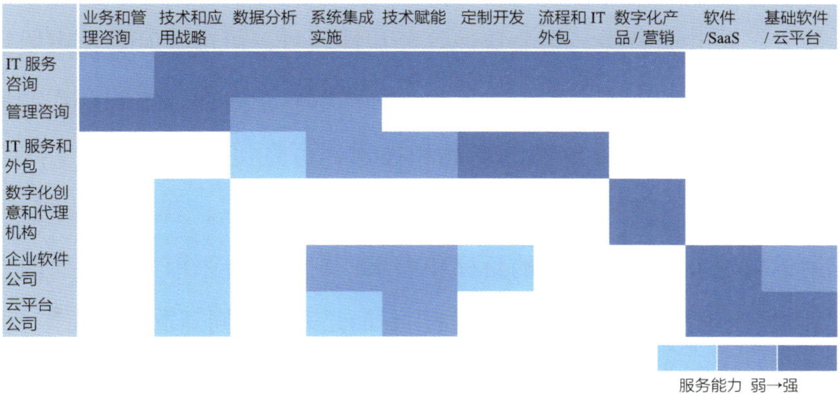

图 8-7　不同领域服务咨询公司业务能力一览

资料来源：根据艾瑞咨询《中国企业数字化转型路径实践研究报告》整理。

2. 以阶段为导向，明确外部团队数量

按照数字政府建设不同阶段，组织可以选择不同数量、不同类型和不同“专长”的企业参与，比如在电子政务项目可行性研究阶段，可吸纳多家企业共同参与，以课题研究小组等形式集智攻关；在项目招投标或者建设阶段可借鉴“赛马制”等形式确定项目具体实施单位[1]。

（二）如何选择合作方式

1. 建设阶段

按照项目主导对象不同，建设阶段可以分为政府主导、政府购买

[1] 李晴，郁俊莉，刘海军. 数据赋权、网络协同、信任支撑：数字政府建设中政企合作的路径优化[J]. 新视野，2023（4）：104-111.

服务、政企合作共建三种形式[1]。从项目性质看，一般管理类、公共基础类或公益类的非营利性项目，如智慧城管、智慧司法等，由政府主导建设；公共服务类、半公益性等经营性项目，可由政府委托市场建设；市场价值较大的纯经营性项目，可采取政企合作共建的方式。从项目需求看，若需要成熟的产品和技术，可直接采取政府购买的方式，如京博的营销中台便是直接从 IT 服务商处购买；若双方就平台和应用的搭建能够达成一致的目标和需求，则更适合采取共建共研的方式，如京博的生产中台并不支付费用，而是采取共同开发的模式[2]。由广东省政府牵头组织，腾讯、中国联通、中国电信、中国移动等公司合资成立数字广东网络建设有限公司，参与广东政务信息化建设，打造了“粤省事”“粤政易”[3]等多个平台。

2. 运营阶段

按照运营主体，可分为政府自主运营、合作运营和市场化运营三类。[4]政府自建项目可能后续会选择自主运营，但自主运营往往面临成本高昂、技术储备不足、人才挑战等问题，因此不敏感但相对重要的政府服务，可适当引入外部优质企业力量，采用职责明确、共同协作的政企合作运营模式。但一般出于安全性考虑，政府服务项目较少采取纯市场化运营模式。例如海南省政府出资 51%，联合阿里巴巴、

---

❶ 张建锋. 数字政府2.0：数据智能助力治理现代化[M]. 北京：中信出版社，2019.

❷ 陈其伟，左少燕，李圆. 数字化黄金圈：企业数字化蓝图与行动指南[M]. 北京：人民邮电出版社，2022.

❸ 郑跃平，杨学敏，甘泉，刘佳怡. 我国数字政府建设的主要模式：基于公私合作视角的对比研究[J]. 治理研究，2021，37(4)：38-50，2.

❹ 同①。

太极股份等企业建立数字海南有限公司，共同承担海南省电子政务基础设施的运维工作[1]。

专栏 8-2

三种合作伙伴模式支撑京博中台战略落地

山东京博控股集团（以下简称京博）在建设中台时采用了三种不同的合作模式，灵活支撑京博中台战略的落地。

合作模式一：在营销中台搭建时，IT 服务提供商本身有成熟的产品和技术，京博与其签订合同，支付相应的费用。

合作模式二：在生产中台搭建时，京博与 IT 服务提供商有共同的目标和需求，但都没有相应的产品，于是双方签订共研合同，京博不需要支付任何费用，双方一起开发产品，共同享受最终的收益。

合作模式三：在运营中台构建时，京博有需求，IT 服务提供商有能力做但没有同样的需求及目标，此时京博会与 IT 服务提供商建立一个资源池，付费使用其 IT 开发能力和服务。

与不同的 IT 服务提供商形成不同的合作关系，进而形成一个合作生态，这已经成为数字京博建设的重要一环。这可以在很大程度上弥补京博数字化人才相对短缺的短板，也能让京博的数字战略更灵活和高效地落地。

[1] 郑跃平，杨学敏，甘泉，等. 我国数字政府建设的主要模式：基于公私合作视角的对比研究[J]. 治理研究，2021，37（4）：38-50，2.

（三）如何管理合作风险

1. 政企合作中易产生的风险

在数字政府建设中，互联网企业与政府互动因为“公私”角色冲突、“主次”角色差距和“放管”角色模糊等原因，往往会产生许多风险。

（1）目标冲突。政府以公共利益为先，企业侧重经济效益，导致数字政府建设很容易出现目标主次不一、合作缺乏动力、陷入停滞或失败的局面。例如，马来西亚政府在建设电子采购系统时，由于企业追求利益的理念与政府追求最小成本改善公共服务的理念相冲突，该系统最终无法为民众服务。[1]

（2）信息共享基础薄弱。政企双方均将数据视为核心资产，注重数据安全性、隐私性，导致数据共享和信息互联互通受到抑制。印度卡纳塔克邦政府的电子政务项目便是由于公私双方之间缺乏信任与互动，最终导致项目终止，由政府接管了所有业务[2]。

（3）责任边界难以有效区分。在数字政府实际建设过程中，许多项目都存在分包、转包等行为，即一个项目的方案设计、数据处理、系统建构、开发设计、运营维护可能由多个企业分别完成。这也导致项目建设的质量稳定性和流程连续性难以得到保证。项目越大，这种

---

[1] 杨学敏，刘特，郑跃平. 数字治理领域公私合作研究述评：实践、议题与展望[J]. 公共管理与政策评论，2020，9（5）：3-18.

[2] Aundhe M D, Narasimhan R. Public private partnership（PPP）outcomes in e-government–a social capital explanation[J]. International Journal of Public Sector Management, 2016, 29（7）: 638-658.

管理挑战和不确定性也就越大[1]。

（4）技术依赖下的失控、泄密风险。强大的信息技术能力是企业参与数字政府建设的门槛，但是同时这种条件也会反过来制约政府。例如受限于数字化经验的缺乏，部分电子政务项目的源代码和密钥依旧掌握在承建企业中，部分数据也被存储于企业数据库中[2]。技术依赖导致合作伙伴锁定，部分企业甚至会“垄断”相关领域的大多数项目。政府受企业制约易引发信息泄露、技术失控、政府职权受到干扰等一系列问题。美国政府长期使用微软技术产品，导致出现“微软垄断美国政府”的舆论。2021 年，微软还披露美国政府“获取大量私人信息”的行为，导致美国政府公信力受损。[3]

2. 合作风险的纾解之道

受运行机制和组织体系的影响，政企之间的角色差异很难自然消除，因此双方维系合作关系、管理合作风险需要主动构建制度化体系。双方可以从以下三方面来构建政企良性合作互动的机制。

（1）健全法规制度，明确企业参与的合法性。将数字政府情境纳入“政企合作”相关法律法规中，立法明确企业参与数字政府建设的范围、合同性质、争议处理的路径、招投标方式等。搭建常态化合作平台，打通企业参与的制度通道，如设立专有合作协调办公室，用于

---

[1] Langford J, Roy J. E-government and public-private partnerships in Canada: when failure is no longer an option[J]. International Journal of Electronic Business, 2006, 4（2）: 118-135.

[2] 许开轶，谢程远. 数字政府的技术资本侵蚀问题论析[J]. 政治学研究，2022（2）: 103-114，170-171.

[3] 同①。

开展和企业的合作对话。

（2）信任合约化，确保利益共享、风险共担。一方面是签订利益分配合约。以书面形式在项目启动前明确利益分配方案，以调和政府“公益驱动”与企业“私益驱动”之间的矛盾关系，激发企业参与的内源动力。另一方面是签订责任分配合约，通过相应的问题清单、任务清单将任务和对应责任一一分解到各个合作主体，明确政企合作的责任边界。

（3）完善保障体系，防范失控、泄密风险。为确保企业的持续安全参与，以科学考评、监督问责（第三方监理）和预警体系方案等方式，防范整治合作中的数据泄露、技术失控、企业失责失范等风险。

四、数字化人才培养和管理

（一）有效利用现有人才

充分利用现有人才是第一要务，通过轮岗（借调）等方式实现组织成员在同一职能部门的垂直流动、跨职能部门的横向流动，不断培养员工的多样化技能，有效利用员工现有的数字化知识和能力[1]。在政府数字化转型过程中，轮岗（借调）是推动人才渗透的普遍方式，如安排省级大数据管理部门的相关领导和信息技术人员到地市进行工作指导，借调地市人员前往省级有关部门学习。

[1] 杰拉德·C. 凯恩，安·纽伦·菲利普斯，乔纳森·R. 卡普斯基，等. 数字化战略推演：数字跃迁[M]. 李雪雁，译. 杭州：浙江教育出版社，2023.

（二）充分培养数字化人才

通过培训为员工提供数字化业务中成长所需的资源、机会，帮助员工掌握数字化技能的同时也为其打开职业发展通道，让其在数字化转型带来的组织变化中获得更多机会。华为总结了数字化转型中员工培训要具备的三大要点[1]：一是培训要深，应该覆盖一线操作人员到高层管理者等各个层级；二是培训要广，应该触及所有变革人员，不论是核心成员，还是上下游协同成员（在华为，许多变革项目的培训往往是面向全公司的，由高层管理者亲自抓、牵头学[2]）；三是训战结合，以实际场景的作战实现“知”到“行”。华为会对有优秀实践经验的业务人才展开数字化转型专业方法的知识培训，并结合实际战场和作战任务，进行赋能鉴定（图 8-8）。

专栏 8-3

华为 IT S&P 项目和 IPD 变革项目中的培训

IT S&P 项目：任正非在听取了顾问第一阶段的报告后，立即要求针对 IBM 顾问输出的报告面向全公司进行地毯式培训，必须覆盖各级管理者和骨干。项目组想方设法推进培训和报告成果宣讲，例如针对

[1] 华为企业架构与变革管理部. 华为数字化转型之道[M]. 北京：机械工业出版社，2022.

[2] 周良军，邓斌. 华为数字化转型：企业持续有效增长的新引擎[M]，北京：人民邮电出版社，2021.

关键人员单独讲解，让每个管理者写学习心得并发表在两报（《华为人》《管理优化报》）上等，还先后组织了数十场集体培训、学习。

IPD变革项目：在第一阶段报告完成后，公司提出部门最高领导必须亲自抓推广培训。在一个多月内，在各部门、各子公司相继开展了培训，由公司最高管理层牵头完成了对全公司所有骨干人员的培训。同时，华为分层分级组成许多推广小组，推广培训普通工程师和不同岗位的员工，包括国内外办事处人员和新入职员工。

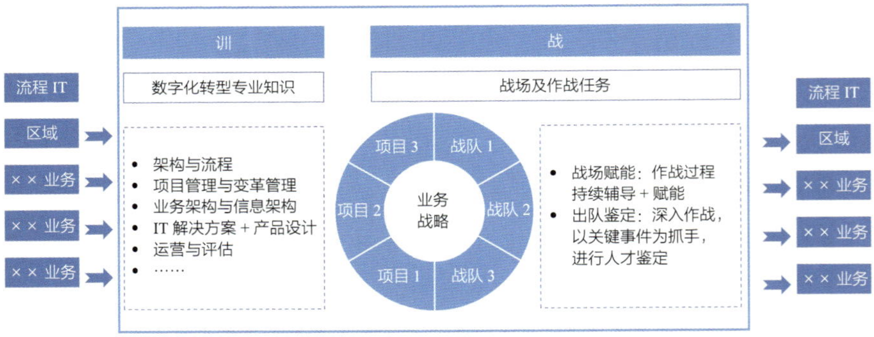

图 8-8　华为训战结合，培养数字化业务人才

资料来源：华为企业架构与变革管理部．华为数字化转型之道［M］．北京：机械工业出版社，2022.

第三节

可实施哪些推进策略

正如上文所言，数字化转型过程另一大关键在于事的决策，即如何设计并实施策略，以释放组织最大潜能。转型策略的设计和实施一般围绕组织的目标和实现目标所需采取的技能、路径、标准等方面展开。

一、标杆管理：明确转型方向

（一）标杆管理的误区

世界 500 强企业中有近 90% 的企业采取标杆管理，对标的本质是对照最佳实践，分析差距并持续改进。但在对标管理过程中易产生三大误区：

（1）照搬。任何企业都有自己的“基因”，模仿一个产品容易，模仿战略却是非常难的。

（2）无人主导配合。没有合适的领导来负责对标方案的落实。现实中往往会出现“我知道顾问的作用，但我们公司现在没有合适的领导来主导配合，他们听不懂顾问要表达的意思”等言论。

（3）现实和理想存在差距。行动效果与想要达到的效果还有较大差距，往往停留在概念和案例的知识层面，没有深入内在逻辑和心智层面，更没有深入结合企业实际，导致“听的时候很激动，事后想想很感动，回到企业一动不动”。

（二）标杆管理的方法

（1）看。标杆管理要同时兼顾外部对标和内部对标。外部对标包括：①看用户体验需求的变化。政府部门看群众需求的变化，企业看消费者需求的变化。②看行业趋势、业界标杆。例如数字政府建设可以对国家战略举措、兄弟省市政策经验展开借鉴分析。③看数字技术融入场景（图 8-9）。内部对标包括：①看战略，即业务战略诉求。②看自己的业务模式变化。如数字政府建设前期往往会对基础情况、管理部门、群众、企事业单位展开深入调研，以明确现状及需求。

（2）比。通过调研每个业务的现状和问题点，并将调研结果与行业趋势、最佳实践进行对比，从关键指标中分析差距；针对这些差距，思考是否可以通过引入数字技术、转变业务运作模式加以改进。

（3）答。最终回答“谁是标杆？对标哪些方面？”以输出转型目标；回答“哪些领导参与？哪些部门参与？”以输出工作体系；回答“完成这些工作的标准化流程、配套的制度规范是哪些？”以输出制度。

（4）学。开放学习，顾问交流。

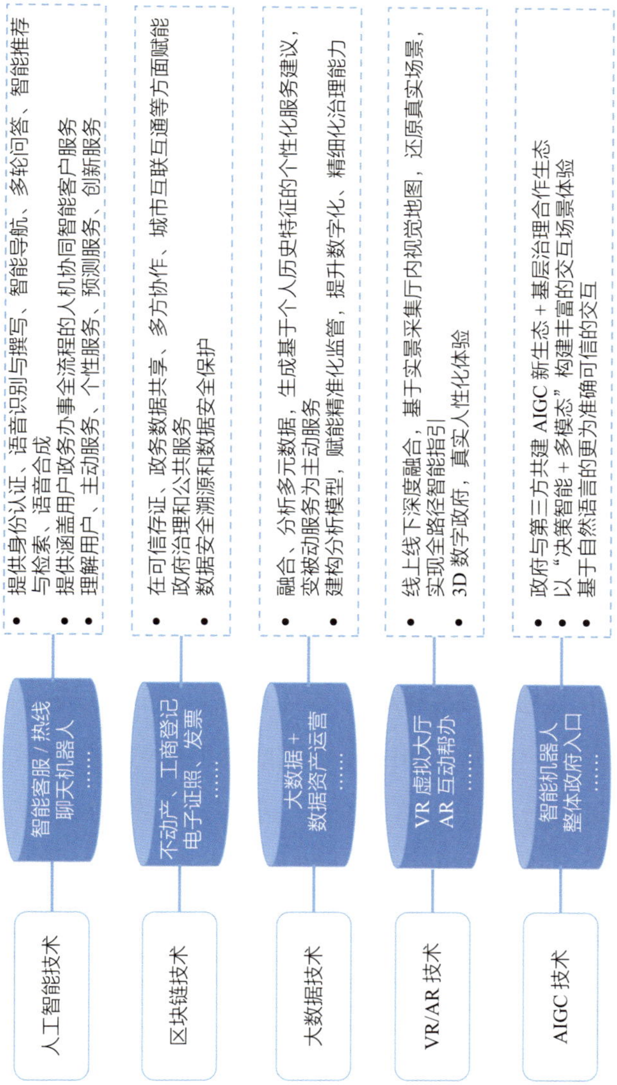

图 8-9　数字技术在数字政府建设中的应用示例

资料来源：根据公开资料整理。

二、先行先试：择优转型内容

数字化转型是循序渐进的过程，同时面临许多业务问题需要解决。在变革预算和项目资源有限的情况下，如何发挥其最大价值？我的建议是把握好节奏。

（一）哪些先行

从问题的紧迫程度（如安全、业务连续性等风险）和业务价值（如与业务战略高度匹配具备全局影响并对各领域转型有牵引示范作用）两个维度入手，并根据与数字技术的相关性选择“高优先级”“次优先级”的项目，有节奏地开启数字化转型变革[1]（图 8-10）。

一般来说，“高优先级”的项目会被给予战略投资，可以马上启动；“次优先级”的项目，预算和资源允许下也可以启动，反之则先成立前期筹备工作组，进行业务酝酿、技术跟踪，等时机成熟、预算到位之后再正式启动。华为在 2016 年底完成数字化转型规划后，有侧重点地开展后续建设，如在“客户交易”业务上，先期启动了交易流数字化项目；在“一线作战平台”业务上，先期启动了交付数字化；在“能力数字化”业务上，重点启动了数字化主动型供应链和智能制造。

---

[1] 华为企业架构与变革管理部. 华为数字化转型之道[M]. 北京：机械工业出版社，2022.

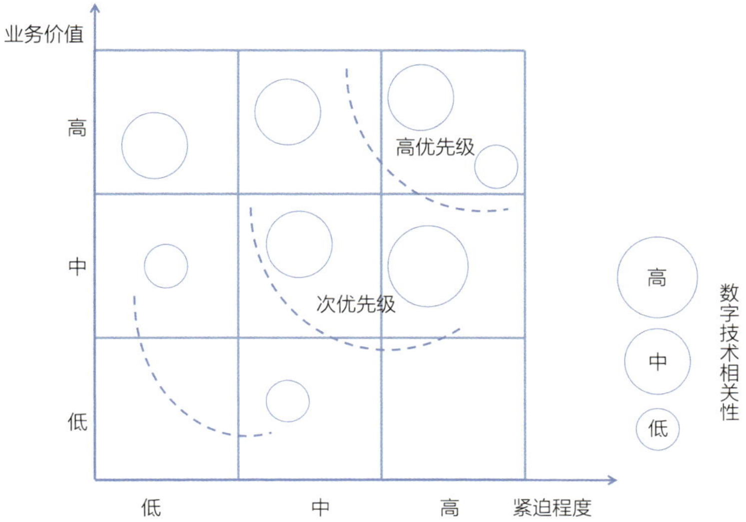

图 8-10　数字化项目优先级识别

（二）如何先行

在具体开展数字化转型项目试点时，我们可遵循四步走[1][2]：

首先是快速试验。管理者要明确时间框架，能明确决策点，在既定时间内决定终止还是改变试验重点。

其次是小规模试验。把大型项目切割成由截止日期驱动的小型项目，先定义短期目标，再定义长期目标，并且选择先执行可能会失败的小型项目。小规模试验一方面便于观察结果，能逐步看到价值产生；

[1] 杰拉德·C. 凯恩，安·纽伦·菲利普斯，乔纳森·R. 卡普斯基，等. 数字化战略推演：数字跃迁[M]. 杭州：浙江教育出版社，2023.

[2] 拉兹·海飞门，习移山，等. 数字跃迁：数字化变革的战略与战术[M]. 北京：机械工业出版社，2020.

另一方面，能更快发现变革障碍及变化，以及时调整系统促进改变。

再次是充分试验。在能承受的风险阈值内充分去尝试，运用科学手段评估创新带来的影响，包括直接政策目标的实现、溢出效应、与既有制度的榫合情况等。

最后是重复变革。先行先试不论是成功还是失败，都可以将过程知识用于下一次试验，成功则迭代，失败则调整，最终推广至其他领域。部分区域先行先试之后，进一步研判创新推广和制度化的必要性和可行性，进而通过业务流程规范和技术规范标准来推动大范围的推广贯通，如浙江的“一地创新、全省共享”机制便是重复变革的优秀制度表现（图 8-11）。

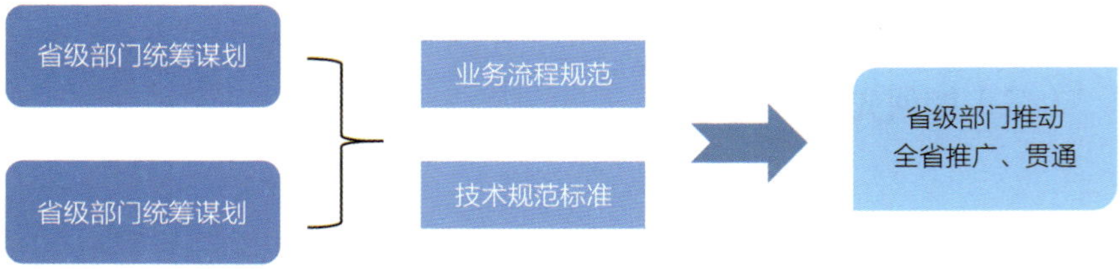

图 8-11　浙江“一地创新、全省共享”机制

资料来源：根据公开资料整理。

三、有效沟通与分类决策：消除转型阻力

（一）有效沟通

有效沟通的作用是让利益相关者知道、理解、接受和承诺，以激励

成员参与并投身变革中。沟通是任何组织有效运作都不可或缺的，其主要作用有以下三方面[1]：第一，润滑作用。成员间个性、价值观、生活经历等个体差异必然会导致一些矛盾和冲突。通过沟通，成员可了解自己的需求和愿望。换位思考可增进彼此的理解、信任，使工作关系变得融洽。第二，黏合作用。它将组织中的个体凝聚在一起，将个体和组织黏合在一起，使组织中的员工在组织的发展蓝图中将个人理想、个人发展和组织愿景结合起来，通过努力工作实现共同目标。第三，催化作用。研究表明，一些规模中等、制度健全的组织，其员工平均只将 15% 的潜力施展在工作之中。主要原因是员工不清楚组织发展的目标，也不明确组织的发展目标和个体之间的关系。良好的上司与下属、员工之间的交流，可以增进员工对组织目标、愿景的了解，从而激发员工的内在潜力和潜能。

有效沟通并不需要让对方完全接受自己的观念或价值，而侧重意义的传递与被理解。有效沟通要具备四大要素：一是事实，二是情感，三是价值取向，四是意见观点。

字节跳动的飞阅会被认为是高效沟通的典范[2]。在事实表现上：其具有明确的会议主题，主题和具体内容在会议前便形成文档被发给与会人员。在情感上：大家真诚地畅所欲言，主动参与而非被动接收。会议开始后的 15~20 分钟，大家会默读文档内容，针对有疑问的内容进行在线评论。在价值取向和意见观点上：会议结束前大家的评论会被综合成明确的解决方案，行动负责人也会被指定。

---

[1] 陈春花，朱丽. 协同：数字化时代组织效率的本质[M]. 北京：机械工业出版社，2019.

[2] 飞书. 为什么字节跳动开会不用PPT?[EB/OL].（2021-04-07）[2023-12-08]. https://mp.weixin.qq.com/s/3eCilLcUdDIqjqOFLmpCMA.

专栏 8-4

字节跳动飞阅会与传统会议有什么区别?

什么是飞阅会？与传统的“一个人讲、下面的人听”的开会模式不同，“飞阅会”是利用飞书的文档进行的一种阅读式的会议。整个流程如下：

1. 组织者在会前把要讨论的内容写成飞书文档。

2. 组织者在会前将在线文档发给参会者，提倡大家会前浏览（但不强制）。

3. 会议开始后的 15~20 分钟，大家集体静默看文档，并对有疑问的部分发表在线评论，也可以针对别人的评论进一步评论。

4. 组织者按照顺序主持讨论所有评论，当场明确解决方案。

5. 对于没有评论的内容，默认大家已经达成一致，不再浪费时间做无意义的沟通。

6. 明确下一步行动并指定负责人，以 @ 的方式，体现在文档上；被 @ 的人会在飞书中收到通知。

（二）分类决策

决策一般分为重大决策和常规决策两种[1]。

[1] 拉姆·查兰. 贝佐斯的数字帝国：亚马逊如何实现指数级增长[M]. 杨懿梅，译. 北京：机械工业出版社，2020.

（1）重大决策。对于那些影响结果巨大且不可逆的决策，要做到挖掘真相，将遗憾最小化。这一类决策是领导者的工作职责，杰夫·贝佐斯（Jeff Bezos）说过："高管的工作职责，就是做好为数不多的重大决策。"

如何实现既好又快的重大决策？领导者需要掌握全面准确的真相，以做出客观判断。如何挖掘真相、掌握真相？高质量的讨论是一个绝佳的途径。高质量的讨论中，会有不同的、全新的想法的激烈碰撞。亚马逊有一条明确的要求："领导者必须能够质疑他们无法苟同的决策，而不是为了保持一团和气而屈就妥协。"

（2）常规决策。对于那些影响结果较小，可灵活调整的日常性、重复性决策，要大胆授权。以审批为例，对于多个职能部门共同把关的事项，将串联审批改为并联审批，各部门出代表，组成专项小组，一起讨论，一趟确定。针对有大量历史数据积累的决策，则要将其尽量数字化，以实现自动决策。例如，库存管理类决策积累了海量的历史数据，这类决策可以结合智能管理工具做到自动分析、自动决策，从而释放一部分决策人员的时间和精力。

（三）支撑工具：协同办公平台

工欲善其事必先利其器。Digital Workplace Group（DWG）的创始人兼首席执行官保罗·米勒（Paul Miller）在《数字化工作空间：技术如何解放工作》一书中提道：数字化工作空间应涵盖数字存在、治理速度和效率三要素。这也表明，作为物理办公空间的虚拟替代品，协同办公平台需要通过增强个体间互动，提供更全面的工作工具，以实现高效协同工作。现如今，钉钉、飞书、金蝶等协同办公平台已经成为很多组织的数字化工作系统。

协同办公平台在优化和改善办公业务流程上发挥了极大作用（图 8-12）：项目管理上，通过办公协同、多样化图表展示优化项目流程；在文档管理上，可以依托平台管理组织过程资产、权限、审批，以及支撑全平台、跨文件类型搜索，提升组织学习能力；在人才和业务运营管理上，可以依托平台挖掘有效的员工激励方式，CEO、经理、员工、人力资源部门都能从中受益[1]。

政府数字化转型中，阿里巴巴建设的钉钉移动平台，通过“组织在线、沟通在线、协同在线、业务在线、生态在线”五个“在线”，建立办公一张网，实现了政府省市县纵向跨层次协同和职能部门横向跨领域协同，大幅提高了政府内部联动办公效率。

专栏 8-5

政务钉钉整体解决方案

统一基础设施。承载政务钉钉系统和相关政务钉钉微应用，提供负载均衡、数据存储、数据库、消息队列、密钥管理、中间件、云安全等各类服务。

[1] 陈其伟，左少燕，李圆. 数字化黄金圈：企业数字化蓝图与行动指南[M]. 北京：人民邮电出版社，2022.

统一数据支撑。将组织架构数据、用户数据、消息数据、会话数据、文件数据等进行统一管理，实现底层数据汇总、数据互联互通和数据共享及服务。

统一应用支撑。将通讯录组件、即时消息通讯组件、音视频通讯录组件、前端接口组件、免登鉴权组件、微应用管理组件等整合成一个统一开放平台供第三方系统调用，实现应用对接整合和系统整体支撑。

统一业务应用。承载统建应用和自建应用，统建应用由主管部门统筹规划，满足各级各部门共性需求；自建应用由各级各部门自行建设，服务于个性化需求。

统一门户。提供统一的政务钉钉工作门户、统一的用户界面。

统一规章制度。统一的政务钉钉日常使用和管理规章制度，可以保障系统规范应用。

统一标准规范。统一的政务钉钉标准规范，服务应用对接和系统整合。

统一安全体系。包含客户端安全、服务端安全、传输端安全、输出安全、数据安全，拥有本地数据加密、第三方数据加密、用户权限保护、全链路保护等安全措施。

统一运维体系。统一的运维服务体系，可以实现对系统状态监控、版本更新、容灾备份等多方面的服务支持。

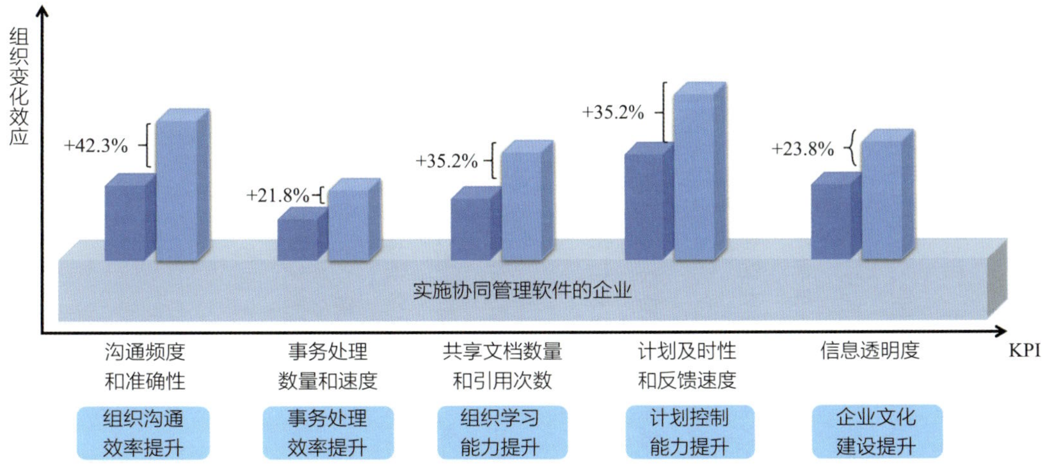

图 8-12　协同软件实施的组织变化效应

资料来源：致远互联网协同研究院。

样本量：2284 家大中型企业、政府等。

四、转型评估：推动转型优化

（一）为何评

数字化转型结果一般较难显性化呈现，需要被专业度量方法系统性衡量。此外，因为数字化转型投入大，利益相关者多，所以对数字化转型价值给出客观、专业评估较难。

数字化转型评估的核心是科学、量化。评估组织要及时发现建设运营过程中存在的问题、督促其改进提升。评估报告可以作为不同部门、不同业务领域间的对比参考依据，有助于组织在进行内部对标和外部对标时寻找差距[1]。

（二）评什么

数字化转型评估对象按照评价范围可分为局部和整体两类：对局部的评估包括数字政府建设中的政府网站（图 8-13）[2]、信息化项目、政务服务等；对整体的评估包括数字政府“十四五”规划中期评估、数字政府建设年度评估、数字政府发展指数（图 8-14）[3]、数字政府蓝

[1] 龚星波，李文思，郑晓峰. 数字化转型背景下政务信息化项目绩效评价思路研究[J]. 财政监督，2022，(22)：58-62.

[2] 清华大学国家治理研究院，清华大学公共管理学院.《2021年中国政府网站绩效评估报告》[R/OL]（2021-12-30）[2023-12-08]. https://www.sppm.tsinghua.edu.cn/info/1004/7921.htm.

[3] 清华大学数据治理研究中心.《2022年中国数字政府发展指数报告》[R/OL]（2023-06-17）[2023-12-08].https://13115299.s21i.faiusr.com/61/1/ABUIABA9GAAgtsCxpAYopLi59gU.pdf.

图绩效指标[1]等。

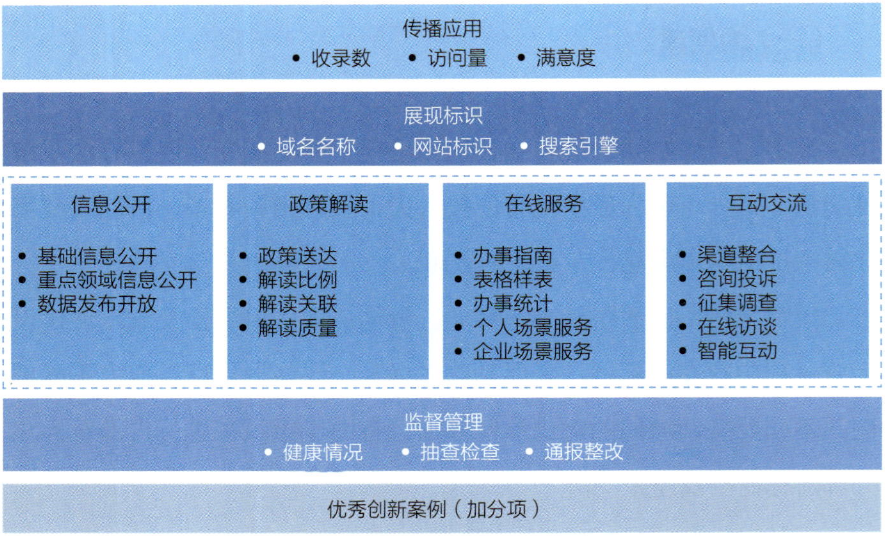

图 8-13　政府网站绩效评估指标框架

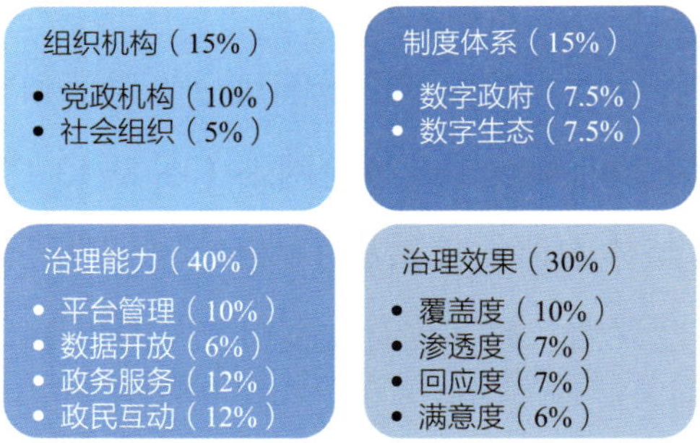

图 8-14　数字政府发展指数一、二级指标及权重

无论是局部还是整体评价，基本都涵盖两方面：供给侧评价和需

[1] 聂清斌. 新加坡数字政府的运行实践及启示[J/OL]. 海南大学学报（人文社会科学版），1-10[2023-12-19].https://doi.org/10.15886/j.cnki.hnus.202310.0082.

求侧评价[1]。政府供给侧评价指以政府供给为重，对数字政府建设进展和成效开展客观评估。如对政府网站建设中的展现标识、信息公开、政策解读等方面的评价，其侧重于对数字政府标准化和外显建设的反映。社会需求侧评价则是站在公众或企业等用户视角的主观评价，侧重于反映数字政府功能的实际运用效果和社会反馈，例如数字政府发展指数中的治理效果和政府网站建设中的满意度，一般会采取专家评估和用户问卷调查等方式获取。

在具体指标的选取上，要遵循以下原则：一是目标导向。要逐级分解目标，围绕各级目标制订具体指标[2]；二是可比性。为了保障评估工作的连续性和评估结果的横向、纵向可比性，指标的设置要将共性与个性相结合，如针对同类型的项目，可根据类型特征，梳理出共性指标，然后结合多个同类型项目取数，这样方便进行项目之间的横向对比，为评价结果提供支持。

（三）怎么评

从评价渠道看，可以分为线上和线下。线上包括系统日常监测、线上评价，例如各地在政务服务办理过程中提供了线上业务办理评价渠道，以跟踪政务服务效能。此外，还可通过网络问卷调查、政府官网数据采集等方式进行；线下多指现场调研，包括对建设情况、核心

[1] 赵金旭，赵娟，孟天广. 数字政府发展的理论框架与评估体系研究——基于31个省级行政单位和101个大中城市的实证分析[J]. 中国行政管理，2022（6）：49-58.

[2] 王伟玲. 中国数字政府绩效评估：理论与实践[J]. 电子政务，2022（4）：51-63.

业务、运维管理、数据情况等方面展开调研。

从评价主体看，一类是由政府机构牵头执行的内部评估，另一类是由第三方机构或社会公众自行实施的外部评估。从现有趋势看，第三方评价已经越来越成为评价的一大中坚力量。如联合国定期发布《电子政务调查报告》面向全球国家和地区开展电子政务指数分析；在国内，国务院电子政府办公室、清华大学等均定期发布政务服务能力评估、数字政府发展指数等报告。

从评价流程看，数字化转型评估要完成闭环，关键在于是否能正确、合理运用评价结果。要对评价结果进一步分析，了解现状、发现问题、瞄准差距以及总结工作经验。在结果分析的基础上，开展数字化转型的调整，包括方案调整、执行方式调整、机制制度调整等[1]。

五、成果固化：保障转型稳定

无论企业还是政府，在数字化转型过程中，都需要将行之有效的行为理念、技术方案、组织形式、制度安排、权力关系等内容上升为制度规范。对政府来说，体现为修订和清理与数字政府建设不相适应的法律法规和理论体系；对企业来说，体现为将组织架构、业务流

[1] 钟杰，康起明，孙丽. 数字政府建设项目绩效评价研究[J]. 信息通信技术与政策，2023，49（8）：47-56.

程、激励机制和薪酬体系等转化为企业文化或制度[1]。

这一成果固化的作用体现为三大方面[2]：一是促进合法合规，制定法律、法规和政策等具有法律权威或者与法律权威相类似的各种细则，如《广东省政务服务条例》《广东省数据条例》等。在制定规则、监督承诺和奖惩行动等方面实施规制行为。对利益相关者传递如何开展工作的期望，并逐渐形成共同规范、价值观和信念，形成什么是适当、合法行为的理念。二是增加可管理性；减少内外部利益相关者之间的信息不对称。三是推进标准化建设，化繁为简，统一标准，以减少组织间的推诿和冲突。例如浙江出台《数字化改革术语定义》《公共数据元管理规范》《数字化改革标准化体系建设方案》等标准制度，以加强全省数字化改革建设工作的规范性和标准性。

成果固化需要遵循三方面原则：一是需要原则。建设体系要符合实际需要，不要假大空，不要指望一个体系治好所有病。要联系实际，不做表面文章。二是适用原则。所建制度应具有实际内容，不搞模糊数学、神秘哲学。三是稳定原则。制度要相对稳定，不能朝令夕改。

[1] 尤尔根·梅菲特，沙莎. 从1到N：企业数字化生存指南[M]. 上海：上海交通大学出版社，2018.

[2] 杨书燕，宋铁波，吴小节. 企业数字化转型的制度动因及过程[J]. 科研管理，2023，44（9）：39-46.

第九章

经营数据资产

数据是数字化转型的核心，激发数据价值，加快形成数据驱动的组织运行体系至关重要。本书第九章专门从数据产品的角度分析了什么是数据价值和如何实现数据价值。在分析数据价值必要性的基础上，从宏观层面讨论了释放数据要素价值的重要意义。我国具有超大规模市场、海量数据资源、丰富应用场景等多重优势，挖掘和释放数据要素典型领域应用场景，推动数据要素供给和流通使用，构建以数据为关键要素的数字经济，是释放数据价值的关键动力。同时指出数据要素的价值创造与实现过程一般可以划分为三个阶段：资源化、资产化和资本化。

数据在变成数据资源，向数据资产和数据资本演化的过程中，经过加工将资源价值转移到数据产品中。而数据要素价值的激活的标志，恰恰就是打造激励多方主体积极参与数据要素开发利用，创新数据产品服务。本章给出上海数据交易所“铜加工产销量”数据集、金智塔科技“银行智能风控”、火石创造“产业大脑”三个典型的数据产品。最后分别探讨了如何打造数据产品、如何将数据产品进行交易以及如何将数据产品资产化，分析了政府和企业打造数据产品的不同路径，上海数据交易所进行数据产品交易的流程以及企业数据资产入表的最新政策进展。

第一节

为什么要激发数据价值

一、数据是国家基础性战略资源和重要生产要素

近年来，随着数字经济的发展，数据逐渐成为全球经济社会发展的关键要素。我国高度重视数据要素的高质量发展，制定了一系列促进数据要素市场化的政策文件，为释放数据要素价值指明了方向。我国数据要素发展大致经历了三个阶段：起步、落地和深化[1][2]。

起步阶段（2014—2015 年）：2014 年 3 月，政府工作报告首次提及大数据，中央开始认识数据并重视数据价值。2015 年 8 月《促进大数据发展行动纲要》明确提出，数据是国家的基础性战略资源，并对大数据整体发展进行了顶层设计和统筹布局，产业发展初步展开。

落地阶段（2016—2019 年）：2016 年 3 月，《“十三五”规划纲要》正式提出实施国家大数据战略。这一时期，政策制定者认识到数据对于推动我国经济发展的重要作用，大数据与包括实体经济在内的各行各业的融合成了政策焦点。2017 年 10 月，党的十九大报告中提出推

---

[1] 王伟玲. 中国数据要素市场体系总体框架和发展路径研究[J]. 电子政务，2023（7）：2-11.

[2] 吕艾临，王泽宇. 我国数据要素市场培育进展与趋势[J]. 信息通信技术与政策，2023，49（4）：2-8.

动大数据与实体经济深度融合；12 月，中央政治局就实施国家大数据战略进行了集体学习，国内大数据产业开始全面、快速发展。

深化阶段（2020—至今）：随着国内相关产业体系日渐完善，各类行业融合应用逐步深入，国家大数据战略开始走向深化。2020 年 4 月 9 日，中共中央、国务院发布《关于构建更加完善的要素市场化配置体制机制的意见》，将数据与土地、劳动力、资本、技术并列为五种要素，提出加快培育数据要素市场。2022 年 1 月，国务院办公厅发布《要素市场化配置综合改革试点总体方案》，提出探索建立数据要素流通规则；同年 12 月，中共中央、国务院发布《关于构建数据基础制度更好发挥数据要素作用的意见》，构建了数据产权、流通交易、收益分配、安全治理等 4 项制度，共计 20 条政策措施。2023 年 2 月，中共中央、国务院印发《数字中国建设整体布局规划》，把“夯实数据资源体系”作为数字中国建设两大基础之一，提出要“畅通数据资源大循环”，明确了数据要素对促进数字中国建设的重要基础性作用；3 月，中共中央、国务院印发了《党和国家机构改革方案》，明确将组建国家数据局，负责协调推进数据基础制度建设，统筹数据资源整合共享和开发利用，统筹推进数字中国、数字经济、数字社会规划和建设等；8 月，财政部印发《企业数据资源相关会计处理暂行规定》，明确了适用范围和数据资源会计处理适用的准则，以及列示和披露要求；10 月，国家数据局正式揭牌；12 月，国家数据局研究起草了《“数据要素 ×”三年行动计划（2024—2026 年）（征求意见稿）》，从场景牵引的角度列出了 12 个数据要素的应用方向。

二、数据财政是数字经济时代的必然选择

当前，我国经济增长特别是地方政府还存在土地财政的路径依赖。随着我国进入数字经济发展的新阶段，土地财政模式已经难以适应新时代的变化和需求。面临这一重要的社会经济格局变化，学者们认为政府部门应该重视培育数据财政，探索通过财政税收工具和手段从数字经济的关键要素中取得一定比重的财政收入[1]。复旦大学朱扬勇教授在 2015 年最早提出了“数据财政”的概念，所谓数据财政主要指地方政府依靠激活、运营大数据价值，促进大数据与各行业领域深度融合、实现经济快速增长来创造或提升财政收入[2]。关于数据财政形成的条件，有学者归纳为两个基本方面，即政府数据开放共享、数字经济活动中数据产品和数据服务的市场规模与经济渗透[3]。也有学者认为，公共数据授权运营能够推动更多公共数据资源进入市场获得市场化收益，是最有可能率先构建数据财政的一种范式[4]。例如，2023 年 11 月 10 日，湖南省衡阳市政府提出将数据和智慧城市特许经营权以超过 18 亿元的拍卖底价公开进行拍卖[5]。这是全国首次公开交易公共

---

[1] 胡业飞，田时雨. 政府数据开放的有偿模式辨析：合法性根基与执行路径选择[J]. 中国行政管理，2019（1）：30-36.

[2] 谢波峰，朱扬勇. 数据财政框架和实现路径探索[J]. 财政研究，2020（7）：10.

[3] 杨飞虎，王志高，余炳文. 数据要素、数据财政与经济增长[J]. 当代财经，2022（11）：13.

[4] 童楠楠，杨铭鑫，莫心瑶，等. 数据财政：新时期推动公共数据授权运营利益分配的模式框架[J]. 电子政务，2023（1）：13.

[5] 衡阳市公共资源交易中心. 衡阳市政务数据资源和智慧城市特许经营权出让项目交易公告[EB/OL].[2023-11-10]. https://ggzy.hengyang.gov.cn/jyxx/gycqjy/czrgg/20231110/i3160451.html.

数据特许经营权，被称为“政务数据第一拍”。地方在推动数据财政之前，数据要素面临难以定价、难以标准化、难以流通的障碍，也难以像土地那样形成排他性的产权占有，仍有很多基础性工作要做。尽管这一拍卖被叫停，但公开市场转让的尝试意味着后续公共数据运营价值可期。

一是从公共数据资源总量看，政府投入多年的数字化建设，积累和沉淀了海量的数据，释放公共数据资产价值和红利能够为数据财政提供数据基础。根据麦肯锡测算，我国公共数据开放的潜在价值高达10万~15万亿元，占2020年全国财政收入55%~82%。也有研究表明，我国政府部门掌握的数据资源占据全社会数据资源总量的80%左右[1]。当前在国家“东数西算”战略之下，很多地方都在积极推进数据中心建设，以此作为新型基础设施建设，和产业数字化落实的抓手。各省、市级地方政府结合本地实际情况，开展了地方性的公共数据授权运营实践探索，已经形成了成都国资公司市场化运营模式、北京数字专区授权运营模式、海南的数据产品超市等各具特色的公共数据授权运营模式[2]。另外，温州等一些地方开始进行数据入表的尝试，也带动了数字资产抵质押融资等一些金融领域的尝试。

二是我国经济主体数量庞大、数据资源总量客观、公共数据开放共享持续深化、数据要素产业加速发展，为数据财政创新发展模式的

[1] 高技术司. 以公共数据治理为抓手，加快推动数据基础制度的构建与完善[EB/OL].[2022-12-21]. https://www.ndrc.gov.cn/xxgk/jd/jd/202212/t20221220_1343707.html.

[2] 龚芳颖，郭森宇，马亮，等. 公共数据授权运营的功能定位与实现机制——基于福建省案例的研究 [J]. 电子政务，2023（11）：28-41.

实施提供了良好的经济基础。我国数字经济规模产业规模较大，并呈稳步增长态势，企业积累的数据资产规模十分可观。针对这样一个庞大的增量市场出台专门配套金融财税政策，将大大改善相关行业企业资产水平，催生新的税基。中国信息通信研究院《中国数字经济发展报告（2023年）》指出，2022年，我国数字经济规模达到50.2万亿元，占国内生产总值的41.5%[1]。国家互联网信息办公室《数字中国发展报告（2022年）》中指出，我国大数据产业在2022年达到1.57万亿元，同比增长18%[2]。此外，中国信息通信研究院数据显示，2022年我国整体的数据交易规模估计超500亿元，实际运营中的数据交易所已经达到26家，其中场外交易占主流，数据交易所/中心交易规模仅在40亿元左右，预计2025年市场规模将超2200亿元。

[1] 中国信息通信研究院. 中国数字经济发展报告（2022年）[EB/OL].（2022-07-08）[2023-12-23]. http://www.caict.ac.cn/kxyj/qwfb/bps/202207/P020220729609949023295.pdf.

[2] 国家互联网信息办公室. 数字中国发展报告（2022年）[EB/OL].（2023-05-23）[2023-12-23]. http://www.cac.gov.cn/2023-05/22/c_1686402318492248.htm.

第二节 数据价值有哪些实现形态

一、数据价值实现形态

现有研究一般认为，数据的价值创造与实现过程一般可以划分为三个阶段：资源化、资产化和资本化[1][2]。数据在变成数据资源，向数据资产和数据资本演化的过程中，经过加工将资源价值转移到数据产品上。换言之，数据产品是数据价值的主要载体，数据的价值正是通过转化为数据产品体现出来的。从数据产品生产过程来看，Yu & Zhang（2017）将数据产品定义为经过抓取、重新格式化、清洗、加密等处理后的数据产品和服务，如数据集和由数据集衍生的信息服务[3]。赵刚（2021）将数据产品定义为：经过数据采集、数据传输、数据计算、数据存储、数据分析等过程形成的可以用于经济活动的产出

---

[1] 张雅婷. 数据如何要素化？中科院院士梅宏：资源化，资产化，资本化[EB/OL].（2022-08-03）[2023-12-23]. http://www.21jingji.com/article/20220803/herald/e547503b531c41f979d8f642a444991e.html.

[2] 唐要家，唐春晖. 数据价值释放的理论逻辑、实现路径与治理体系 [J]. 长白学刊，2022（1）：98-106.

[3] Yu H, Zhang M. Data pricing strategy based on data quality[J].Computers & Industrial Engineering, 2017（112）：1-10.

物，即信息和知识[1]。《浙江省公共数据授权运营管理办法（试行）》所称的数据产品和服务的定义是：利用公共数据加工形成的数据包、数据模型、数据接口、数据服务、数据报告、业务服务等。从市场流通的角度来看，PEI J（2020）将数据产品定义为产品的数据集，或者从数据集中衍生出来的信息服务[2]。朱永敏等（2023）对数据产品的定义是：企业通过对数据的采集、治理等方式生产的可以在市场上作为交易标的流通的数据集或信息服务[3]。基于上述文献，本文对数据产品的理解更具概括性，即原始数据经过采集、加工和分析等一系列处理流程，转化成能够促进经济活动和在市场上交易的数据集合或信息服务。

数据产品因数据应用行业、产品形态而产生不同的划分方式。按数据应用行业，可以分为金融行业数据、电信行业数据、政府数据、交通行业数据等。按产品形态，可以分为数据集（或称为数据包）、数据服务、数据应用[4]，详见表 9-1。《我国主要数据交易场所发展情况及数据交易产品洞察》对 20 家公开了产品形态的 8104 个数据产品进行归类统计，API 接口调用产品占比 39.4%（3195 个）、数据集占比 13.6%（1104 个）、数据应用占比 8.4%（679 个）、数据报告占比 5.9%（477 个）、其他占比 36.1%（2925 个）[5]。

[1] 赵刚. 数据要素：全球经济社会发展的新动力[M]. 北京：人民邮电出版社，2021.

[2] Pei J .A Survey on Data Pricing: from Economics to Data Science[J].IEEE Transactions on Knowledge and Data Engineering, 2020.

[3] 朱永敏，张诚. 数据产品开发与流通[J]. 大数据，2023，9（2）：46-55.

[4] 黄丽华，窦一凡，郭梦珂，等. 数据流通市场中数据产品的特性及其交易模式[J]. 大数据，2022，8（3）：3-14.

[5] 天翼智库. 我国主要数据交易场所发展情况及数据交易产品洞察[EB/OL].（2023-09-22）[2024-03-23]. http://www.cww.net.cn/article?id=386CAF1C785C4BE0845C40BBF5F25101.

表 9-1 主要数据交易产品分类

分类	数据产品定义	产品形态	交付形式
数据集	数据资源经过加工处理后，形成一定主题的、可满足用户模型化的数据集合	原始数据、离线数据包、数据 API 等	以介质传递、开放下载、接口调用、终端平台、定制服务等方式交付
数据服务	数据资源经过加工后，可提供定制化服务，为用户提供满足其特定信息需求的数据处理结果	定制化服务、数据加工整理 / 数据服务、产业图谱、客群画像、研究报告、查询、评分 / 等级、指数等	以接口调用、分析报告、画像等形态交付
数据应用	数据资源经过软件、算法、模型等工具处理，或经过工具处理后可提供定制化服务，形成解决方案	预测、估值、计算、评分 / 等级、指数、数据分析和挖掘、归集整理等	以终端平台和定制服务的形式交付

资料来源：上海数据交易所有限公司. 2023 年中国数据交易市场研究分析报告 [EB/OL].（2023-11-30）[2024-03-23]. https://xxzx.guizhou.gov.cn/dsjzsk/zcwj/202312/t20231204_83179831.html.

二、上海数据交易所“铜加工产销量”数据集

作为铜管产销量占全球市场份额超 20% 的铜管棒加工行业标杆企业，浙江海亮股份有限公司（以下简称“海亮股份”）在优质铜产品、导体新材料、铝基新材料的研发、生产、销售和服务业务中，积累了

丰富的数据资源。海亮股份以数字化改革为动力，打造数据产品，推动数据从自用向他用进阶，进一步激发数据资产价值。2023 年 10 月 17 日，海亮股份作为浙江省首家签约的民营企业正式挂牌上海数据交易所。挂牌首日，海亮股份与上海钢联电子商务股份有限公司（以下简称“上海钢联”）完成“铜加工产销量”数据产品的首笔交易，成为中国首家在上海数据交易所完成数据交易的有色加工企业。

作为大宗商品及相关产业数据服务商，本次交易的需方企业上海钢联构建了庞大而专业的数据采集体系，提供以价格为核心的多维度数据，对大宗商品全覆盖，为产业与金融用户提供有效对接。作为一家数据要素型企业，上海钢联对大宗有色相关数据产品也有采买需求，以进一步丰富数据产品体系。该款数据产品提供包括铜管、铜板、铜棒等铜加工产品产销量的时间序列数据，涵盖了一整年中从 1 月到 12 月每个月的数据，数据为一定的区间或范围的形式，详见表 9-2。这些数据能够反映铜加工行业的生产能力和趋势、铜制品的生产情况、市场需求和销售趋势，可运用在生产经营、仓储物流、金融期货等场景中。

三、融合政务数据赋能银行智能风控——金智塔科技

在数据隐私保护的背景下，银行对小微科创企业的信贷支持工作受到更大的挑战。与大型企业相比，小微科创企业往往规模小、资产不足、财务不规范、信息分散、抵押资产较少，因此，银行对科技型中小微企业授信必须得到更多维度的数据支持，政务数据成为授信业

表 9-2　铜加工产销量基本信息

产品名称	铜加工产销量
系列名称	铜加工销量
产品挂牌代码	7030659501-DBK Ⅱ XF2901
供方名称	浙江海亮股份有限公司
应用板块	金融，贸易
数据主题	铜加工产品产销量
产品类型	数据集
产品描述	提供包括铜管、铜板、铜棒等铜加工产品产销量的时间序列数据，涵盖了一整年中从 1 月到 12 月每个月的数据。数据为一定的区间或范围的形式，反映了铜加工行业的生产能力和趋势、解铜制品的生产情况、市场需求和销售趋势
更新频率	动态（每月更新）
覆盖范围	全国各地区
存储大小	10 MB
增量存储大小	0.2 MB/ 月
底层数据维度	6
内容说明	时间：数据统计期间 国内生产基地：中国境内按地理行政划分的基地名称 产销量：统计期内，各基地产销量区间值
使用案例	通过分析销售数据的区间趋势，得到每年销售量的季节性分布。将这些趋势与生产数据的区间趋势相匹配，可以确定是否需要增加或减少生产以满足市场需求。例如，如果夏季销售量通常较高，他们就可以提前增加生产，以确保有足够的库存来满足需求；同时，就根据产销量和市场供需关系，对铜加工产品进行价格预测

资料来源：上海数据交易所官网。

务最可靠的数据补充。但基于隐私保护的要求，政府无法将原始数据对银行输出，信贷支持工作面临困局。杭州金智塔科技有限公司推出了“金智塔隐私计算平台”，打破了“数据孤岛”，安全合规融合了更多受隐私、安全因素限制的政务数据，实现了更精准的智能风控，化解了小微科创企业融资难的问题，推动了普惠金融的高质量持续发展。

金智塔隐私计算平台运用了多方安全计算、联邦学习、区块链等技术，实现了“数据可用不可见”“计算可信可链接”“用途可控可计量”，提供了数据分级分类管理、数据质量审计、模型效果审计、数据应用存证等数据安全与隐私保护全流程管理，通过对接浙江省金融综合服务平台，安全合规的融合市场监督管理局、法院、税务、环保等 55 个省级政府部门政务数据，助力浙商银行贷前、贷后智能风控等业务的创新发展，是浙商银行首次将隐私计算技术应用于政务数据的创新实践，也是浙江省金融综合服务平台通过隐私计算技术将公共政务数据向金融机构赋能的首次应用落地。目前，金智塔科技已联合建设银行浙江分行、宁波银行、台州银行、浙江农商联合银行等十几家银行向浙江省金融综合服务平台申请利用隐私计算技术安全合规接入政务数据的需求，应用于包括营销、授信、风控在内的各种业务场景，为金融机构的数字化转型之路赋能。

四、产业大脑赋能地方产业数字化转型——火石创造

近年来，推动产业数字化转型升级，尤其是推动传统产业全方位、全链条数字化转型，已成为各地发展的迫切需求。然而，在城市产业规划中，相关管理部门面临产业决策精准性低、缺少产业发展的

宏观规划、缺乏企业培育与服务能力等诸多困难。针对上述痛点，火石创造科技有限公司打造产业大脑，为政府和产业园区类型客户提供产业整体智治平台。该平台能够提供产业分析研判、产业决策调度、产业链招商和企业培育发展服务。产业整体智治平台囊括公域大数据和客户私域数据。公域数据通过公共平台、商业途径、监管平台等渠道构建，目前已积累超过 550 亿条产业动态本体数据，包括产业动态数据、供应链数据和全量工商数据等，涉及 20 多个大主题域公域数据库，囊括 9 大战新产业、41 个工业门类、300 多个细分领域。在数据处理的过程中，火石已建立统一标准的统计口径和 1000 多条数据清洗与融合规则[1]。为保证数据的准确性，火石对数据采集入口、数据仓库、服务出口进行实时监测，发现数据质量问题会及时预警，并安排专人复核数据结果。

迄今为止，火石产业大脑已为全国 28 个省级行政区、70 多个城市、300 多个产业园区和数万家企业提供数据智能服务，是湖北科创企业智慧大脑、浙江省生物医药产业大脑、北京市大兴区产业服务数字化平台、上海市张江科学城产业大脑等标志性项目的建设和运营方，探索了产业数据价值化的路径。

[1] 复旦大学，国家工业信息安全发展研究中心，上海数据交易所. 数据要素流通典型应用场景案例集[EB/OL].（2023-11-28）[2024-03-23]. https://govcdo.digitalelite.cn/nd.jsp?fromMid=593&id=840.

第三节

如何实现数据价值的流通和市场化

数据的价值创造与实现过程一般可以划分为三个阶段：资源化、资产化和资本化。结合实践情况，本节主要围绕数据资源如何转变为数据产品、数据产品如何交易以及如何进一步转变为数据资产来讨论。

一、如何形成数据产品

数据产品化是完成数据资源到数据产品的转变过程。这一过程需要数据资源持有方（政府、企业或者个人）通过自己组织或有效授权给外部运营机构，经过数据采集、数据汇聚、数据存储、数据分析等加工过程形成数据产品。根据数据来源不同，数据资源可以分为公共数据、企业数据和个人数据。

对公共数据来说，自 20 世纪 90 年代，我国就开始进行政务信息系统的开发建设，通过国家“两网”“一站”“四库”“十二金工程”的建设，收集了大量的政务数据。2013 年以来，国家推动有关政府部门、企事业单位将各种数据汇聚整合并关联分析，打造了一批数据包、数据模型、数据标签等数据产品，赋能重大改革。以浙江省公共数据资源建设与开放服务为例。作为数字化改革先行省份，浙江省以一体化智能化公共数据平台作为数字化改革的支撑总平台，实现了浙江省公共数据、应用、组件、算力等政务数字资源集约建设、统筹配置和高质量供给。具体来说，一是推进公共数据资源体系建设。通过上接国家，贯穿省、市、县三级数据主干道，打通全省各级党政机关部门和公共服务单位各类信息化系统，汇聚全领域各业务板块公共数据资源，对全省公共数据资源集中编目、归集、治理、建仓、共享、开放。二是强化公共数据开放和产品创新。技术上，建设一个系统——公共数据平台开放域系统。一体化智能化公共数据平台设立了三个域：一是基础域，即基础数据域；二是共享域，即面向政府的可共享数据；三是开放域，即面向社会进行数据开放。开放的数据分成三类数据：无条件开放数据、受限开放、社会数据。通过开放域系统实现安全有序推进公共数据与社会数据融合创新、开放应用。机制上，开展一项授权——公共数据授权运营。浙江发布全国首个省级层面的《浙江省公共数据授权运营管理办法（试行）》，符合条件的机构都可以申请授权运营某一领域的公共数据，在对应的技术环境“授权运营域”内进行加工处理，形成数据产品和服务，也可以将社会数据导入授权运营域，与公共数据进行融合计算。

对企业数据来说，大数据技术为企业深入挖掘数据价值提供了可能性。企业可以利用各种数据加工技术，如基于特定的指标和标签。数据产品可以为用户提供从数据的收集、处理到最终应用的全生命周期解决方案。企业可以进一步分析目标客户的数据需求及应用场景，基于大数据挖掘，指标、标签加工等数据加工方式，形成标签、算法、应用等多元数据产品[1]。基于业务需求和场景，定制化的数据指标和标签体系，可以反映企业的核心业务逻辑和价值点；基于数据挖掘和机器学习，构建数据算法模型，可以提供数据预测、推荐、优化等智能服务；基于数据可视化，提供数据看板、报表、图表等多种形式的数据展示，可以帮助用户直观地理解和分析数据；基于数据应用，提供数据驱动的业务应用，可以帮助用户实现数据的价值变现，如营销、运营、风控等。

二、如何完成数据产品交易

企业可以通过场内或者场外市场交易将数据产品变现，以带来经济社会价值。数据交易机构为数据要素的市场化配置提供平台，使数据产品在流通中获得二次价值和溢出价值[2]。

目前由地方政府发起、主导或批复的数据交易所已达到 44 家（不含香港大数据交易所），其中正式运营的有 15 家。数据交易进入 2.0 时代。从地域分布来看，44 家数据交易所主要集中在京津冀、珠三角、长三角、中西部经济发达地区，代表性的是上海数据交易所、深圳数据交易所、北京国际大数据交易所等（表 9-3）。从交易标的来

[1] 普华永道，上海数据交易所. 数据要素视角下的数据资产化研究报告（2022年）[EB/OL].（2022-11-25）[2024-03-23].https://www.pwccn.com/zh/research-and-insights/data-capitalisation-nov2022.html.

[2] 王泽宇，吕艾临，闫树. 数据要素形成与价值释放规律研究[J]. 大数据，2023，9（2）: 13.

表 9-3　我国主要数据交易所 / 中心基本情况

交易平台名称	交易运作模式	交易平台的数据来源	交易平台的产品	交易平台涉及主要领域
贵阳大数据交易所	大数据结果交易模式	政府公开数据、企业内部数据、爬虫	离线数据包、算法模型、云资源服务	气象、电力、算力、时空、电信、政务
深圳大数据交易中心	数据交易、数据服务政府公开数据	政府公开数据、企业内部数据	API、数据集、加密数据、数据分析服务、数据可视化服务保险、存储管理工具、数据采集工具	银行、零售、医疗、物流、保险、农业、气象等
浙江大数据交易中心	数据试用、数据交易、数据租赁、数据开放	政务数据、企业数据、公开数据、第三方数据	数据集、API、隐私计算、可信计算、人工交付	金融科技、电商消费、城市治理、医疗卫生、工业制造、交通物流、互联网等
上海数据交易所	数据产品交易模式、数商模式	市场主体提供和公共数据	数据集、数据服务、数据应用	金融、航运交通、贸易、先进制造、国际
北京国际大数据交易所	数字交易合约、区块链、隐私计算等新型数据交易范式	公共数据、行业数据、科研数据、社会数据	数据服务、API、数据包、数据报告	金融、科技、医疗、交通、互联网、政务、农业等
东湖大数据交易中心	大数据结果交易模式、数据产品交易模式	政府公开数据、企业内部数据	数据包、解决方案、云服务	政府、经济、环境、法律、医疗、交通

资料来源：根据公开资料整理。

看，数据交易所主要提供数据 API、数据集、数据报告等形式的数据产品，涵盖金融、互联网、医疗、气象、交通、物流、通信、教育、人文、地理、生活服务等多个领域。从股东结构来看，数据交易所主要采取“国有资本 + 民营资本”共同持股的股权架构，运营方式为“国资入股、政府指导、市场化运营”。部分数据交易所的股东为上市公司，如浙数文化、安恒信息参股浙江大数据交易中心、广电运通参股广州数据交易有限公司等。

以上海数据交易所为例，上海数据交易所自成立以来已经正式挂牌的数据产品超过 250 个，既包括典型的公共数据，也包括企业数据，数据供方企业已达 80 多家，覆盖制造、金融、交通运输、通信、互联网、贸易等行业，平均每家企业挂牌 3 个以上产品。从数据来源分类来看，上海数据交易所目前挂牌企业数据来源最多的前四数据产品依序为通信类、金融类、能源类及交通类数据产品。上海数据交易所的交易流程，从事前、事中、事后来看，包含了产品合规登记、挂牌申请、数据挂牌、交易协议达成、清结算、交易备案等一系列流程（图 9-1）。

（1）事前：数据交易前首先要做挂牌前准备，数据产品在交易平台上挂牌展示，包括数据产品登记、实现数据产品的唯一编码、确保交易流程的可追溯性和可控性；数据提供者需完成数据资产的盘点，并填写数据产品说明；进行交易合规评估，主要是审查数据的合法性与合规性，确保不存在侵犯用户隐私等问题。

（2）事中：数据交易中有了挂牌的产品和需求后，通过交易撮合、第三方经济服务，就能让数据交易合约达成。包括进行交易测试

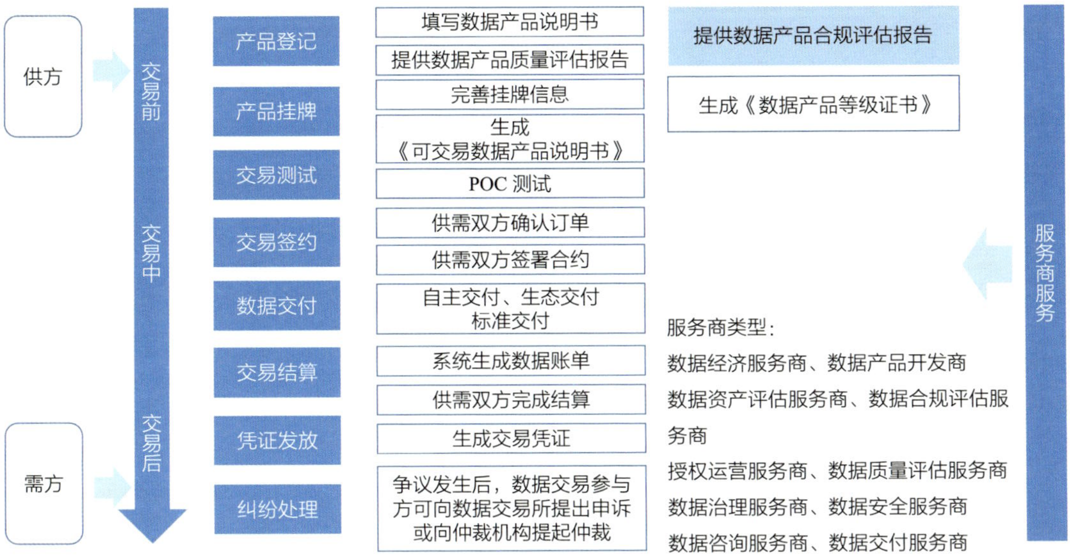

图 9-1　数据交易流程

资料来源：上海数据交易所的《上海数据交易所交易指南》。

以确保交易系统的正常运作；需求单位可提出交易意向，挂牌方确认数据购买意向并在平台上签订三方合约；根据合约确定的方式交付数据。标准交付采用目前行业内具有共识的主流交付方式。自主交付允许具有交付能力的数据交易双方选择自主交付数据，将数据交付服务开放给具有资质的数据交付服务提供商。这些服务提供商可以帮助数据交易双方实现个性化的数据交付。最终，双方确认无误后，数交所向银行账户发起指令，完成结算。

（3）事后：数据交易后，交易所发放相关的交易凭证。如出现交易纠纷，交易所提供相应的纠纷处理机制和服务。

三、如何推动数据资产化

数据资产化是数据资源化、数据产品化后的阶段，更关注数据经济效益、应用价值，以及促进业务发展的能力。当前关于数据资产的概念界定尚未形成共识。现有研究主要从企业视角对数据资产的概念进行界定。国家标准《信息技术　大数据　数据资产价值评估》（征求意见稿）提出，数据资产是以数据为载体和表现形式，能进行计量的，并能为组织带来直接或者间接经济利益的数据资源。《数据资产评估指导意见》所称的数据资产，是指特定主体合法拥有或者控制的、能进行货币计量的，且能带来直接或者间接经济利益的数据资源。黄丽华基于数据价值链视角，将数据资产分为资源性数据资产和经营性数据资产[1]。张俊瑞等将数据资产界定为“由企业拥有或控制的具有数据化形态的可辨认非货币性资产”[2]。基于已有研究进一步归纳，本文认为主流的对数据资产的定义都强调了数据资产是由企业拥有或控制，能够为其带来经济利益，以物理或电子方式记录的数据资源（表 9–4）。

早在 2013 年，维克托·迈尔-舍恩伯格在《大数据时代》一书中就前瞻性地指出：“虽然数据还没有被列入企业的资产负债表，但这只是一个时间问题。”[3]10 年后的今天，他的预测已经变为现实。2023 年 8 月 21 日，我国财政部正式发布了《企业数据资源相关会计处理暂行规定》。这意味着数据不再是简单的“数字”，而是有了财务属性。它可以被纳入企业的资产负债表中。这个新规定将企业数据资源细分为两类：“企业内部使用的数据资源”与“企业对外交易的数据资源”。只要数据被确认具有价值，它就可以作为无形资产进入企业的资产负债表。数据资产入表，意味着数据从利润表中的“费用”转变为资产负债表中的“资产”。这不仅有利于促进内外部发现并确认企业数据的价值，以数据资产预计产生的未来现金流为偿付发行证券化产品，还将对完善数字经济计量体系、激发数据要素活力、推动数字经济发展产生深远而积极的影响。

---

❶ 黄丽华，郭梦珂，邵志清，等. 关于构建全国统一的数据资产登记体系的思考[J]. 中国科学院院刊，2022，37（10）：9.

❷ 张俊瑞，危雁麟，宋晓悦. 企业数据资产的会计处理及信息列报研究[J]. 会计与经济研究，2020，34（3）：13.

❸ 维克托·迈尔-舍恩伯格，肯尼迪·库克耶. 大数据时代[M]. 盛杨燕，周涛，译. 北京：中信出版集团，2019.

表 9-4 数据资产入表的特点

类别	特点
是否涉及会计政策变更	否
入表涉及的资产科目	无形资产：使用的数据资产 存货：日常持有以备出售的数据资产
初始计量原则	历史成本观
后续计量原则	数据资源无形资产：使用寿命有限的需要摊销；期末计量按照账面价值与可收回金额孰低原则 数据资源存货：如果可变性净值低于成本就需计提存货跌价准备；期末计量按成本与可变现净值孰低原则
处置或出售计量原则	数据资源无形资产：直接计入当期资产处置损益 数据资源存货：确认营业收入和营业成本
披露方式	表内披露 + 表外披露，存货、无形资产和开发支出科目下设数据资源二级科目，并在附注中列示具体情况
披露模式	强制 + 自愿模式，对报表有重要影响的强制披露
是否需要追溯调整	否

资料来源：赵丽芳等的《数据资产入表的价值效应及经济后果初探》。

以温州“信贷数据宝”为例，2023 年 10 月，温州市大数据运营有限公司实现数据资产确认登记第一单，这也是目前国内有公开报道的财政指导企业数据资产入表第一单。温州市探索数据资产管理的主要做法：产权确认、资产入表、资产价值评估。

（1）确保数据资产来源和权属清晰。数据确权是数据资产化的基础，也是实现数据增信的首要环节。数据的权利通常可以分为管辖权、交易权、所有权、使用权以及财产分配权。企业和相关单位可借助数安港和数据资产治理（数据资产交易统一服务应用）等平台，结合数据资产确认相关标准，探索做好数据资产登记等相关应用和数据资产卡片化管理。

（2）稳步推进数据资产入表。数据资产入表有助于显化数据要素价值，规范数据资产对外服务和交易流通，促进数据安全管理和培育数据产业健康生态，真实反映企业资产状况。在当前阶段，主要通过数据资产入账方式实现入表。企业使用的数据资源，符合《企业会计准则第 6 号——无形资产》（财会〔2006〕3 号）规定的定义和确认条件的，应当确认为无形资产。企业日常活动中持有、最终目的用于出售的数据资源，符合《企业会计准则第 1 号——存货》（财会〔2006〕3 号）规定的定义和确认条件的，应当确认为存货。从 2024 年 1 月 1 日开始，按照财政部《企业数据资源相关会计处理暂行规定》（财会〔2023〕11 号）执行。

（3）探索开展数据资产价值评估。数据交易的核心在于数据本身，而数据的质量对于数据交易来说至关重要。因此，数据资产评估应当关注数据资产质量，并采取恰当方式执行数据质量评价程序或者获得数据质量的评价结果，必要时可以利用第三方专业机构出具的数据质量评价专业报告或者其他形式的数据质量评价专业意见等。中国资产评估协会发布的《数据资产评估指导意见》可以为数据质量服务机构和企业数据自查提供方向，进一步为数据资产评估提供了参考。该指导意见提出在数据质量评估时可以使用层次分析法（AHP）、模糊综合评价法和德尔菲法，对数据质量进行评价时，可以结合固有的数据质量和依赖系统的数据质量两个维度进行评价。

第十章

迈向智能时代

智能化进程在于运用人工智能技术对多元数据进行深度分析与加工，驱动计算机系统持续提升创造、传播、存储以及运用知识的功能性，从而使其能够在低成本高效益前提下模拟人类智能行为，甚至超越人类智慧水平。数字化转型通过将组织中的资源、流程和规则转化为庞大的数据体系，使得原本需要物理载体的各类资源能够以近乎零成本的方式进行复制、传输和存储，为利用人工智能技术深入挖掘数据价值、打造智能化场景提供坚实的基础。本章从智能时代“大脑”建设切入，系统梳理“大脑”建设核心脉络，提炼出智能化发展的关键要素，并进一步阐释如何融合相关要素开展智能化建设实践。

第一节

什么是“大脑”

“大脑”是信息接收、处理和反馈的中枢。在数字化建设过程中，“领域大脑”作为重点建设任务之一，旨在综合集成算力、数据、算法、模型、智能技术等数字资源，形成以数据计算分析、知识集成运用、逻辑推理判断为核心的领域级一体化智能化系统，进而实现政府履职领域高度智能化的公共管理和服务。本节主要围绕“城市大脑”和“领域大脑”进行分析。

一、杭州“城市大脑”的建设脉络

（一）杭州“城市大脑”的发展历程

1. 杭州“城市大脑”起源发展

杭州“城市大脑”的构想起始于应对严重的交通拥堵问题，由中国工程院院士王坚于 2016 年提出，旨在运用人工智能技术将人、车、道路等多源数据统进行整合汇聚，并转化为科学高效的业务模型，通过智能调节红绿灯时间、描绘城市交通实时大视图，实现城市交通系统的调度和管理。此举有效改善了城市交通拥堵状况。随着智能技术的不断创新与发展，杭州“城市大脑”开始将触角延伸到城管、卫健、旅游、环保等更复杂的领域与场景。2018 年 12 月，杭州城市大脑（综合版）正式发布，政府十几个不同部门系统统一接入到城市大脑的中枢系统中，形成新的五大服务系统。

2. 杭州“城市大脑”迭代升级

在新冠疫情发生后，杭州首创健康码，并迅速推广至全国。“杭州场所码与疫情溯源流调系统”紧跟抗疫需求，从 3000QPS 的健康码链路性能保障到支持 25000QPS 的市民健康码高并发访问，实现了从绿码通行到融合核酸采样信息的“四码一屏”展示，以及针对老年人和儿童的反向扫码辅助功能。该系统从单一静态信息展示升级为多渠道动态展示，在承载千万级并发同时，可以利用智能算法模型计算城市活力指数，实现精细化防疫管理。此外，杭州“城市大脑”在疫情期间通过智能化技术、大数据分析和实时在线数据的运用，帮助决策者迅速做出决策、调度资源。杭州“城市大脑”显现出了所蕴藏的应急处置与综合治理效能，成为推进城市治理体系和治理能力现代化的重要抓手。

（二）杭州“城市大脑”的核心要素

从杭州“城市大脑”的发展历程可以总结出三个核心要素，即互通互联的数据资源，大数据、云计算、区块链、人工智能等前沿技术，以及两者共同驱动的治理体系现代化。

1. 互联互通的城市数据奠定了大脑的能力基础

数据资源已成为未来城市发展中的决定性战略资源，而“城市大脑”作为承载和整合数据资源的基础框架，扮演着连接系统、平台、数据等中心节点的角色。杭州“城市大脑”的关键突破是建立了互联互通的中枢系统，每个管理或服务主体把自己的数据系统接入其中，并在此产生交互和协同，促使“大脑”成功发挥作用。

2. 随着城市大脑的不断演进，智能技术推动了城市全方位智能化建设

人工智能和机器学习技术的深度融合使得城市大脑能够充分对专业知识和海量数据进行模拟学习，从而可以更精准地对城市治理方向进行预测和规划。通过对大规模数据的深度挖掘，城市管理者能够更好地理解市民行为、预测城市需求，并制定更具体、针对性的政策，增强城市应对风险变化的能力。

3. 二者共同推动形成了智能化城市治理平台

城市治理体系的现代化不仅在于技术的创新，更在于流程和模型的升级。杭州“城市大脑”通过引入“数据 + 知识”驱动的决策模式，促使治理者更好地将自身经验与计算机系统相结合、更快速地响应城市变化、更准确地评估政策效果，从而提升城市全面综合治理能力。

二、浙江省“领域大脑”的建设脉络

（一）“领域大脑”的提出与建设

“领域大脑”是“城市大脑”在垂直领域方面的具体应用。2022年2月，时任浙江省委书记袁家军在全省数字化改革推进大会上提出，要探索“大脑”建设路径，在全面实现支撑核心业务运行监测评估的基础上，提升“大脑”的预测、预警和战略管理支撑能力，推动全量归集，强化多维集成，推动赋能跃升，尤其是加快探索各领域“大脑”建设的新路径，更加突出智能化智慧化，以算力换人力，以智能增效能，着力提升拓展各领域“大脑”核心能力。浙江领域“大脑”建设经历了持续推进、不断深化的过程（表10–1），逐渐成为架起社会治理由数字化迈向智能化的一座桥梁，为现代化治理能力和治理体系的建设提供支撑。

（二）“领域大脑”的智能化要素

“领域大脑”的核心能力包含数据计算分析、知识集成应用、逻辑推理能力、决策指挥能力等，为支撑这些核心能力输出，其在建设中需要具备数据仓、知识库、算法库、工具集以及模型库等五类关键要素。数据仓汇聚了政府业务部门或者重点领域的各类数据资源，可支持数据资源的实时更新、开放、共享等功能。知识库则是对特定业务或者领域的专家知识的集成，用于存储或管理更加标准和规范、逻辑关系更紧密、更易用于辅助决策的高质量数据。算法库是诸多算法

表 10–1　领域“大脑”建设进展情况

时间进度	进展情况
2022 年 3 月	启动全省“大脑”一本账梳理工作，加快各类系统以及领域“大脑”建设，提升“大脑”的预测、预警和战略管理支撑能力
2022 年 5 月	时任浙江省委书记袁家军进一步提出强化“大脑”综合集成、提升大脑能力、推进大脑集约高效开发等核心建设要点
2022 年 6 月	明确领域“大脑”建设理念方法，形成“大脑”“一表一图 N 清单”，编制形成《领域“大脑”一本账》，实行清单化管理，并在九大领域启动第一批领域“大脑”智能模块建设
2022 年 7 月	重点推进 11 个领域“大脑”建设，其中市场监管、乡村、财政管理等 8 个领域“大脑”初见成效，形成 19 个智能化业务模块，建成一批数据仓、知识库
2022 年 8 月	领域“大脑”支撑能力持续提升，10 个领域“大脑”加快推进，25 个智能模块上线，以“大脑”存力、算力、算法提升算值，推动政府决策科学智能化、公共服务智能便利化
2022 年 9 月	通过五星评价法推进领域“大脑”建设，绘制五星进度图，直观体现领域“大脑”建设进展，动态掌握各模块建设进度
2022 年 11 月	数字政府系统中的 15 个领域“大脑”、43 个智能模块，均已纳入领域“大脑”一本账
2022 年 12 月	在 43 个智能模块中，13 个模块达到监测分析能级水平，25 个模块达到预测预警能级水平，5 个模块达到战略目标管理水平，有效强化各级政府部门决策的智能化和智慧化能力

资料来源：张兴文，梁楠楠．数字政府领域大脑构建机制研究．工作论文，2022,12.

的集合，用于解决应用场景中数据结构操作、图形处理、统计分析等各类问题。工具集是各类可通用或可复用工具组件的集合，如日志分析、数据迁移、链路诊断等组件。模型库是各类模型的集合，可支持存储、管理、共享模型等功能。

接下来以浙江省生态环境“大脑”为例，对领域“大脑”建设中智能化要素进行详细解读。浙江省生态环境“大脑”数据仓全量归集了生态环境部回流、省级厅局共享以及本系统数据资源，建立了全省 48 万家企业统一固定污染源库，形成了可支撑全省生态环境工作的数据底座。同时，浙江省生态环境“大脑”拥有组件与智能中心，开发归集组件 44 个、算法 35 个、模型 9 个，上线了“精准治气”“精准治水”“精准治废”“精准治土”“减污降碳协同增效”“陆海协同治理”“环评准入”“企业监管”“环境问题发现”等 9 个智能模块 21 个智控单元，形成了天空地人全感知、环境网络全互联、环境数据全流通、指挥决策全智能、环境治理全协同、环境管理全统筹的数字化生态环境保护体系。[1]

未来，“大脑”作为数字化治理向智能化迈进的关键部分，将进一步推动各领域的数据整合，实现更广泛的多领域协同。随着技术的不断发展，“大脑”将不断引入新的智能算法和模型，例如大语言模型，提高系统对数据的理解和处理能力，使其更智能、更具洞察力。与此同时，“大脑”将更加强调实时性和响应性，通过实时监测和处理数据，系统可以更迅速地对变化做出反应，提高系统实施预警、紧急响应和战略调整的效率。此外，“大脑”的发展还将注重可持续发展和公平性。例如确保系统的决策和服务在社会各个层面都是公平的，避免进一步加剧数字鸿沟，确保智能化的应用场景可为社会的整体利益服务。

[1] 张兴文，梁楠楠.数字政府领域大脑构建机制研究.工作论文，2022,12.

第二节

智能化的关键要素有哪些

人工智能缘起可以追溯到达特茅斯会议，距今已有60余年历史。在整个演进历程中，人工智能的发展经历了诸多起伏，并逐渐形成了符号主义、连接主义和行为主义三大流派。回顾这段历程，无论是人工智能的核心内涵，还是基于人工智能技术的各类智能化应用实践，均不可或缺地依赖于算力、数据、知识以及应用场景。随着算力的指数级增长、数据的空前积累、知识的不断丰富以及场景的持续投入，智能化发展与迭代已经出现空前的繁荣。本节重点围绕人工智能领域，系统阐述其代表流派、发展演变浪潮，并由此梳理出打造智能化应用场景所具备的关键要素。

一、人工智能领域的三大流派

（一）基于数学逻辑的符号主义

符号主义，作为人工智能领域的一个流派，又常被称为逻辑主义、心理学派或计算机学派。它认为人工智能源于数学逻辑，主张通过逻辑推理来模拟智能。该流派的原理主要为物理符号系统假设和有限合理性原理，认为人类认知和思维的基本单元是符号，智能是符号的表征和运算过程，计算机同样也是一个物理符号系统。因此，符号主义主张将智能形式化为符号、知识、规则和算法，并用计算机实现这些元素的表征和计算，从而模拟人类的智能行为，其典型应用案例包括专家系统、知识工程等。20 世纪 80 年代末，符号主义逐渐式微，主要原因在于其试图全面地将人类的思想、行为活动及其结果抽象为一系列的规则定理。然而，人类对世界的感知能力具有极大的复杂性和动态性，难以被简单地形式化为符号。当面临现实问题时，符号主义难以提供准确且全面的解决方案，进而导致其在实际应用中的难度加大，从而逐渐走向衰落。

（二）基于人工神经网络的连接主义

连接主义，又称仿生学派或生理学派，是一种基于神经网络和网络间的连接机制与学习算法的智能模拟方法。该流派认为智能活动是由大量简单单元通过复杂连接后并行运行的结果，基本思想是通过人工方式构造神经网络，再训练人工神经网络产生智能。与符号主义流派强调对人类逻辑推理的模拟不同，该流派强调对人类大脑的直接模拟，其代表性成果有感知机和反向传播算法等。连接主义目前在自然语言处理、图像识别等领域大放异彩，逐渐成为人工智能技术中的主流。尽管人们对于人类智能以及机器智能的生成机制以及相互关系尚不清楚，对于以大模型为代表的深度学习是否能够真正承载世界知识并模拟人类的认知能力仍有疑虑，但目前为止，至少在实践上，通过计算机神经网络来承载海量的世界知识和运行类人的复杂认知能力仍然是技术上的最佳选择。

（三）基于“感知—行动”模式的行为主义

行为主义，又称进化主义或控制论学派，是一种基于“感知—行动”的行为智能模拟方法，其原理为控制论以及感知—动作型控制系统。该流派认为智能取决于感知和行为以及对外界复杂环境的适应，不同的行为表现出不同的功能和不同的控制结构。该流派以强化学习为代表，通过让智能体不断尝试不同的行动、调整自身状态并与环境互动，以获得不同的奖励。在这个过程中，只需要设计出合适的奖励规则，智能体就能在不断的试错中学到合适的策略。这种学习方式与深度学习相结合，在机器人、棋类和游戏领域大放异彩，并被认为是迈向通用人工智能的重要方式之一。

二、人工智能的三次发展浪潮

（一）人工智能发展形成阶段（1956—1976年）

1956年，以约翰·麦卡锡（John McCarthy）、马文·明斯基（Marvin Minsky）等为代表的一批学者在达特茅斯学院召开了人工智能研讨会，首次提出了“人工智能”的概念，开启了人工智能研究的第一波浪潮。在这一时期，人工智能主要被用来解决代数、几何问题以及英语程序，其研发重心也主要放在提升机器的逻辑推理能力上。随着研究深入，基础科技发展水平、可获取的数据量以及算力等因素的限制逐渐显现，计算机的计算能力严重不足，即便是主流算法如逻辑证明器、感知机等也只能解决简单、专门的任务，面对更为复杂的问题却显得无能为力，人工智能研发变现周期拉长、行业遇冷。总体而言，这一阶段的人工智能技术还不具备学习和思考的能力，大多还是通过固定指令来执行特定的问题，一旦问题过于复杂，其可能就会不堪重负（表 10−2）。

表 10–2　人工智能发展第一次浪潮中的标志性事件

时间	标志性事件
1956 年	约翰 · 麦卡锡、马文 · 明斯基等学者在达特茅斯学院召开了人工智能研讨会，首次提出“人工智能”概念。同年，理查德 · 贝尔曼（Richard Bellman）提出动态规划方法，成为强化学习的基础。强化学习后续在谷歌阿尔法围棋（AlphaGo）算法中大放异彩
1958 年	弗兰克 · 罗森布拉特（Frank Rosenblatt）发明了感知机，这是一种非常简单的机器模型，后来成为智能机器的起源和核心
1960 年	约翰 · 麦卡锡发明了人工智能程序设计语言 Lisp，用于对符号表达式进行加工和处理
1963 年	艾伦 · 纽厄尔（Allen Newell）发布了问题求解程序，首次将问题的领域知识与求解方法分离开来，标志着人类走上了以计算机程序模拟人类思维的道路

续表

时间	标志性事件
1965 年	鲁滨逊（Robinson）提出了归结原理，实现了自动定理证明的重大突破
1966 年	约瑟夫 · 魏泽堡（Joseph Weizenbaum）和肯尼斯 · 科尔比（Kenneth Colby）共同开发了世界上第一个聊天机器人 ELIZA 程序
1970 年	《人工智能》（*Artificial Intelligence*）杂志创刊
1972 年	法国科尔默劳尔（A. Colmerauer）提出并实现了逻辑程序设计语言 PROLOG

（二）人工智能快速成长阶段（1976—1995 年）

在社会持续发展进步的背景下，人工智能迎来第二次发展浪潮，进入了快速成长阶段，其中专家系统和知识工程成为新的研究焦点。1965 年美国科学家爱德华 · 费根鲍姆（Edward Feigenbaum）等人成功开发了首个化学分析专家系统 DENDRAL，能够根据化合物的分子式和质谱数据推断化合物的分子结构。该系统的诞生标志着人工智能在专家系统领域迈出了重要的一步，也进一步展示了人工智能应用的巨大潜力。20 世纪 70 年代中期先后出现了一批卓有成效的专家系统，以医疗领域最为突出。MYCIN 系统便是这一时期的杰出代表，由爱德华 · 肖特利弗（Edward H. Shortliffe）等人研制，第一次将知识库的概念以及似然推理技术用于诊断和治疗感染性疾病。该系统不仅能对传染性疾病作出专家水平的诊断和治疗选择，而且具备易用性、可理解性、可修改性和可扩展性。此外，它还可以使用自然语言同用户对话，回答用户问题，并在专家的指导下学习新的医疗知识。

总体而言，这一时期所进行的研究，是以灌输“专家知识”作为规则，围绕协助解决特定问题的“专家系统”展开的。虽然有一些实际的商业应用案例，但其应用范畴比较有限。由于这一时期的人工智能专家系统不能学习，因而一旦需要对规则进行修改时，就需要庞大的程序员团队来对代码进行更新，导致专家系统的成本高昂。此外，专家系统求解问题日益复杂，算力仍然是限制人工智能发展的关键因素。随着芯片技术的发展，个人计算机的性能和性价比大幅超过通用计算机，专家系统慢慢趋于消退。进入 20 世纪 80 年代，循环神经网络（Recurrent Neural Networks，RNN）、反向传播算法等深度学习经典算法陆续出现，为深度学习的爆发奠定了基础（表 10-3）。

（三）人工智能纵深发展阶段（1995 年至今）

自 20 世纪 90 年代中期开始，机器学习和人工神经网络的研发工作加速推进，人工智能实现了巨大的突破，开启了第三次发展浪潮。2005 年后，大数据的持续积累为人工智能的发展提供了规模空前的训练数据，图形处理器（GPU）、张量处理器（TPU）、现场可编程门阵列（FPGA）异构计算芯片以及云计算等计算机硬件设施不断取得突破性进展，为人工智能提供了足够的计算力。2006 年，杰弗

表 10-3　人工智能发展第二次浪潮中的标志性事件

时间	标志性事件
1977 年	爱德华·费根鲍姆在第五届国际人工智能会议上提出“知识工程”的概念
1980 年	卡内基梅隆大学为数字设备公司设计了一套名为 XCON 的“专家系统”
1982 年	萨拉塔·萨塔西瓦姆（Saratha Sathasivam）提出霍普菲尔德网络，是循环神经网络的前身
1985 年	特伦斯·谢诺夫斯基（Terrence Sejnowski）和杰弗里·辛顿（Geoffrey Hinton），提出了玻尔兹曼机算法，可以让多个感知器共同组成一个人工神经网络
1986 年	杰弗里·埃尔曼（Jeffrey L. Elman）等人提出了用于处理序列数据的循环神经网络。同年，大卫·鲁姆哈特（David Rumelhart）提出了误差反向传播算法，它可以让一个神经网络得到上一次推理结果的反馈，从而不断纠正自己，完成自我训练，几乎是现代深度学习中的灵魂

里·辛顿及其学生鲁斯兰（Ruslan）发表在世界顶级学术期刊《自然》（*Science*）上的一篇论文引发了深度学习在研究领域和应用领域的发展热潮。这篇文献提出了两个主要观点：一是多层人工神经网络模型有很强的特征学习能力，能够解决分类和可视化问题。二是利用逐层训练方法，采用逐层初始化的无监督学习方式可以解决深度神经网络训练难题。

随后，深度学习逐渐引起了各方关注。自 2011 年起，谷歌和微软研究院语音识别方向的研究专家先后采用深度神经网络技术将语音识别的错误率降低了 20%~30%。2012 年，深度神经网络在图像识别应用方面也获得重大进展，成功将大型可视化数据库（ImageNet）评测问题中的错误率降低了 9%。同年，吴恩达（Andrew Ng）带领的科学家们在谷歌神秘的 X 实验室创建了一个有 16000 个处理器的大规模神经网络，其包含数十亿个网络节点，可用于处理大量随机选择的视频片段。在经过充分的训练以后，该系统已经可以自动识别猫的图像。2022 年 11 月，ChatGPT 发布，突破了以往人工智能只能执行重复指令的缺陷。它能根据已有的信息进行创造，成为真正有一定智力的机器。随后大量的科技企业推出了各类不同大小、不同特点的大模型，以深度学习为主要技术路线的人工智能发展空前繁荣。到 2023 年，GPT-4 已经实现了多模态的信息处理与生成，在软件开发、法律咨询、数据分析、医疗服务等多个领域展现了较高的智能水平，通用人工智能的到来似乎已经近在咫尺（表 10-4）。

三、打造智能化应用需四大要素

（一）高价值的场景牵引

缺乏高价值、切实可行的技术应用场景及有效的业务分析，单纯追求技术的高端与先进，或误以为拥有大模型就能实现全方位的智能

表 10–4 人工智能发展第三次浪潮中的标志性事件

时间	标志性事件
1997 年	计算机深蓝完胜国际象棋大师卡斯帕罗夫。同年，霍赫赖特（Hochreiter）和施密德胡伯（Schmidhuber），提出了长短时记忆单元（LSTM）算法，用于解决标准循环神经网络时间维度的梯度消失问题
1998 年	杨立昆（Yann LeCun）提出经典的深度卷积神经网络算法 LeNet-5，旨在解决手写数字识别问题，被认为是卷积神经网络的开创性工作之一
2006 年	杰弗里·辛顿及其学生鲁斯兰在《自然》（*Science*）上发表论文，提出“深度学习”的概念
2016 年	AlphaGo 完胜世界围棋大师李世石
2021 年	AlphaFold 2 以原子水平的准确度预测了 2/3 的蛋白质结构
2022 年	OpenAI 推出了基于 Transformer 模型和注意力机制的大规模生成式预训练语言模型 ChatGPT

化，往往会导致实际效果与预期相去甚远、资源难以被有效整合，以及无法维持长期的高投入。因此，在智能化应用的设计初期，我们首先要深入进行应用场景的系统性研究，进行顶层设计，并细致剖析场景的业务流程与操作流程。其次要结合场景的具体需求点，综合考虑人工智能技术的当前特点与实际能力，寻找构建智能化应用的合适切

入点，以确保技术应用的高效与精准。

（二）高质量的数据支撑

从人工智能的发展浪潮中，我们可以看到智能化应用所面向的复杂场景——无法单纯依赖符号主义，将专家知识进行简单的结构化来进行刻画。究其根本是由于人在复杂场景中的脑力劳动，即使是简单的文本图像分析等，也蕴含了大量的隐性知识，且其中的规律存在一定的不确定性。因此目前主流的人工智能技术路线是基于海量数据，通过连接主义，即深度学习方法，来进行知识的学习与提炼，从而实现应用智能化的。这一路线也是当前第三次人工智能澎湃浪潮的核心动力。因此，数据尤其是高质量数据在智能化中具有非常重要的作用。组织应为智能化准备充足的数据，且准备的数据应蕴含场景智能化所需的全部知识并尽量减少其他数据噪音。

（三）高效率的知识赋能

如何提炼人类知识，并将知识与认知能力嵌入到计算机系统中一直是人工智能技术发展过程中的核心问题。随着人工智能研究的深入，人类知识与计算机系统的结合方式更加丰富。一是在高质量数据集构建过程中嵌入人类知识。在深度学习模型构建过程中，组织需要有足够的领域与计算机相关知识，在海量的数据资源中进行有针对性的采集、搜索与治理，从而形成高质量的数据集。二是在模型选择上嵌入人类知识，研究如何获得模拟人类智能的适合载体。算法工程师需要持续探索什么样的模型、算法或参数能够更好地学习、存储蕴藏在海量数据中的知识，并形成一定的认知推理能力。三是在模型训练中嵌入人类知识。即面向特定应用场景，将独有的业务规则知识融合到人工智能模型当中。在深度学习领域，目前主要通过专家标注数据，然后用深度学习或者强化学习方式来实现这一目标。在知识图谱领域，则主要通过专家设计本体结构的方式实现。

（四）高密度的算力提供

人工智能技术的发展离不开相适应的算力基础设施。正是因为深度学习与 GPU 的珠联璧合，使得深度学习能够在人工智能技术的多个流派中独占鳌头。但是由于当前大模型需要海量的算力进行训练、微调和推理，“一卡难求”“价格飙升”已经成为当下算力市场的常态，因此算力已经成为制约智能化场景打造的关键因素之一。所以，在选择相关技术路线时，组织应当充分考虑模型训练和推理等不同阶段的算力需求与成本，避免被算力“卡脖子”。

第三节

如何走向智能化

智能化建设的风口既是机遇也是挑战。如何将数字化阶段积累的数据资源转化为有价值的洞察，进而自动进行科学决策是智能化阶段需要努力探索的重要内容。本节着重剖析推动组织布局智能化建设的内生动力与外部推力，并结合实例对当前智能化建设的主要应用领域进行介绍，总结归纳智能化建设过程中面临的风险与挑战，为探索智能化转型途径提供参考与启发。

一、智能化的核心动力

（一）源自组织内部的变革动力

在数字化建设进程中，大量数字化基础设施与数字系统被部署建设。这些系统的正常运行往往伴随着巨大的能源消耗，同时会引发诸多新的运营管理难题。在智能化变革的当下，智能化的工具或者手段能够实现数字系统的自动运维监控、资源优化和安全管理，大幅降低运营人员成本，同时节约算力资源。然而，随着数字化建设的不断深入，海量数据资源被积累沉淀，但由于缺乏有力的智能化分析工具，其在促进组织提升业务效率和管理水平方面尚显不足。因此，加快运用人工智能、大数据、隐私计算等新一代信息技术实现垂直领域业务数据价值的深度挖掘与跨领域共享流通，精准、及时、持续响应用户和环境的需求，对组织管理效能和政府治理水平的提升至关重要。

（二）公众需求衍生的外部推力

随着数字技术的发展，公众对信息和服务的获取有了更高的期望，对提供途径多样化、便捷化、高效化的服务的需求越发凸显。同时，公众期望企业持续提升对客户响应的及时性与准确度，期望政府提供更全面、便捷、高效的公共服务。这些需求都演变为对组织智能化变革的外部推力。加之数字系统之间的交互与集成迫使企业间的合作需要遵循规范统一的行业标准，智能技术的创新应用能提升企业在对外合作与竞争中的技术实力和竞争力，使企业在智能化建设的竞争中独占鳌头。

二、智能化的应用实践

（一）智能化赋能基层治理应用

在文本分析领域中，运用自然语言处理（Natural Language

Processing，NLP）等人工智能技术对文本数据进行语义挖掘和价值洞察，在理解文本的基础上可为后续采取行动提供指引和参考。政务热线数据是公众通过电话、网络、信件等渠道向政府咨询信息、反映社会问题后沉淀的诉求记录，能直接反映公众对国家政策、社会事件、公共服务等方面的观点与态度，是政府关注民生、倾听民意的良好渠道（表 10-5）。在智能化赋能基层治理案例中，浙江省在面对现实问题归纳应用场景时思考了以下问题：一是如何利用深度学习算法和民生问题的投诉特征，将非结构化的居民诉求文本转化为结构化的民生问题的标签？二是各类民生问题呈现何种变化规律？其对于指导社会治理精准施策有何帮助？接下来，某省通过数据驱动与知识赋能的方式提供相应解决方案：一是基于政务热线数据的民生问题文本分类模

表 10-5　政务热线数据样例

标题	类别	反映时间	归属区域	内容	答复单位	答复时间	答复意见
肇事逃逸	咨询	2021-07-05	B 市某县	车停在车位上被撞了，过了几天才发现，还可以报警处理吗？	某县公安局	2021-07-05	请您到交警大队事故中队来报案

资料来源：案例分析中使用的政务热线数据均采集于某省民呼我为统一平台，同时融合了 12345 热线电话、手机 APP、网上大厅、微信公众号、国家信访局等多个渠道的投诉、咨询、建议、举报信息。

型，运用深度学习技术对政务热线数据进行文本分类；二是基于文本分类结果，分析民生问题的时间变化趋势与产生机制，形成以问题为引导的治理创新。

以“房屋违建”投诉分类的时空规律分析为例，从空间分布上看，某省部分设区市，如 A 市、B 市等地的“房屋违建”投诉较多。从时间分布上看，2018 年违建投诉较多，2019 年违建投诉下降明显。在此基础上进一步分析原因，某省在 2018 年大量拆除了违法建筑，进而促使 2019 年违建投诉占比大幅度下降。

在深入分析和识别与房屋违建投诉比例相关的因素时，我们发现国内生产总值（GDP）、城镇化率、自建房屋比例、城乡可支配收入差异、人均征地补偿协议数量、征地拆迁投诉比例、儿童比例、城乡旧危房密度、低收入人口比例、商铺租金、上一年度拆除违建面积、拥有大学及以上学历人口比例、非文盲比例、人均行政执法案件数量等 14 个变量与房屋违建投诉比例存在显著的相关性。具体而言，GDP 等经济发展指标、违建执法力度等指标与违建投诉比例之间呈现负相关，而拆迁收益、居住需求和营业需求则与违建投诉比例呈现正相关。此外，对违建持有负面态度的人群比例越高，违建投诉的比例越低；居民感知到的执法压力越大，违建投诉的比例也越低。

基于以上分析，我们提出相应的治理建议：应当重视经济发展和城镇化进程对违建问题的自然影响，并尊重违建问题产生的客观环境。对于城镇化发展水平较低的区县，由于拆除违建和发现违建的难度均高于城镇化水平较高的区县，执法部门应根据区域发展的实际情况，合理安排拆除违建的任务。

（二）城市人口精细化管理实践

在关系挖掘领域中，运用大数据、人工智能等技术对旅游、物流、医学等诸多领域中的数据、信息进行挖掘，可以发现某些潜在的关系规则，进而帮助企业实现降本增效。为加快推进高质量发展建设共同富裕示范区，深化“扩中”“提低”改革，浙江省着力建设“全面覆盖＋精准画像”基础数据库。在城市人口精细化管理案例中，重点围绕常住人口基本信息、工作信息和特定收入支出三个核心要件选取属性指标，以第七次人口普查数据为基础，融合公安户籍数据、流动人口数据等信息，利用大数据工具进行数据比对与清洗，确定人口基本信息。同时，借助社保缴纳、职业资格、技能证书等信息，确定行业、职业等工作信息，利用社保缴纳基数、公积金等信息，推算出人员收支情况，并利用大数据技术进行智能分析校正。

以基于大数据的个体工商户画像特征及其深度分析为例，浙江省以市场监管局的注册信息和第七次人口普查数据为基础，通过身份代码关联法人信息来获取法人身份证号码，再借助身份证号码关联第七次人口普查数据和公安的人口信息，针对信息交织不一致的问题采取“一题一策，对症解决”的方针，进而可以实现多源异构数据的统一整合。此外，对全省个体工商户进行全面画像，从时间、空间、行业、人员等多维度搭建指标体系，包含不同年份、不同地域、不同行业的注册注销数量，人员的年龄、学历、户籍等数量分布。通过深入分析个体工商户疫情下的生存状况，构建个体工商户不同时间、地域、行业的活跃度、受疫情冲击程度、存活率、注销率等指标，进而实现个体工商户生存预测与灵活就业的智能推荐。

（三）矛盾纠纷多元化解新路径

在内容生成领域中，大语言模型可以对海量的多模态数据集进行预训练来获取词汇、语法、语义等语言知识，然后再借助特定领域的数据对大模型进行微调，以更好地适应特定领域的内容特点和风格。做好基层矛盾纠纷排查化解工作，是防范社会矛盾风险、夯实平安建设基础的关键之举。在矛盾纠纷多元化解案例中，基于基层矛盾纠纷调解优秀案例、调解经验、乡规民约构建基层治理知识图谱，利用矛盾纠纷调解专业语料库对大语言模型进行微调，使之能够辅助基层矛盾纠纷调解员形成调解方案与调解策略建议，支持调解员个性化的多轮知识问答、智能搜索等需求。

（四）大模型技术辅助生成文本

智库研究报告的起草需要编写人员知识涉猎广、专业性强，对领域现状与存在问题有深刻的见解，并具备很好的文字功底。而大语言模型在数据、信息、知识、智慧的跨链增值上，具备“智慧涌现”的规模化优势。领域大语言模型通过快速学习领域知识，进而辅助研究人员起草智库报告提纲以及生成段落内容，大大节约研究人员的精力，帮助其将工作重心放在凝练核心问题和核心建议中。在大模型技术辅助生成文本案例中，研究人员搭建咨政类语料库（合计约 5 万篇）

与政策类语料库（约 24 万篇），对大语言模型进行针对性训练与微调以构建智库报告垂直领域大模型。它可辅助研究人员进行文案撰写。研究人员可借助应用平台生成智库报告，其生成原理分为两步：第一步先根据用户输入的文字需求生成报告提纲；第二步根据提纲的二级标题依次生成各部分内容并整合形成全文（图 10-1）。

三、智能化建设的风险与挑战

（一）智能化发展的潜在风险

1. 智能化技术本身存在的技术风险难以根除

深度学习模型如卷积神经网络（Convolwtional Neural Networks，CNN）和循环神经网络（RNN）等“黑箱”模型的可解释性差，无法通过已知的知识体系对模型的决策过程进行理解和解释。同时，决策过程的不透明导致模型的准确性和可靠性难以被充分评估，甚至可能受到针对其漏洞的对抗性样本攻击。此外，大模型的输出结果是根据概率推理而成的，容易产生“幻觉”，进而出现“一本正经地胡说八道”的情形。OpenAI 公司首席技术官米拉 · 穆拉蒂（Mira Murati）曾指出，大型语言模型的最大挑战是其会编造错误的或不存在的事实，这种技术本身存在的缺陷将限制大语言模型在应用要求严格的领域落地。

2. 智能化技术的行业应用风险不可忽视

部分智能化技术的逻辑及其应用过程存在模糊性，数据、算法和

（1）生成提纲示例

提问：根据文章标题：《关于支持山区 26 县进一步优化农村“一老一小”公共服务的建议》，按照现状分析、存在问题、建议三部分生成一篇大纲

回答：
一、现状分析
（一）农村“一老一小”公共服务需求旺盛
（二）农村“一老一小”公共服务供给不足
二、存在问题
（一）农村“一老一小”公共服务资源分散，整合力度不足
（二）农村“一老一小”公共服务投入不足
（三）农村“一老一小”公共服务体系不健全
（四）农村“一老一小”公共服务供给方式单一
三、建议
（一）加强农村“一老一小”公共服务资源整合，提高服务供给效率
（二）加大农村“一老一小”公共服务财政投入，提升服务质量
（三）健全农村“一老一小”公共服务体系，优化服务供给方式
（四）拓展农村“一老一小”公共服务供给渠道，实现服务均等化

（2）生成提纲后支持对提纲进行微调，根据修改后的提纲，分节生成内容

提问：根据文章标题：《关于支持山区 26 县进一步优化农村“一老一小”公共服务的建议》，一级标题：二、存在问题，以“农村“一老一小”公共服务供给方式单一”为小标题写一段内容

回答：
山区 26 县农村“一老一小”公共服务供给以政府主导的单一供给方式为主，社会力量参与供给较少。在山区 26 县，政府作为农村“一老一小”公共服务的主要供给者，一方面，在供给方式上主要依靠政府直接投入资金和人力、物力，直接提供公共服务；另一方面，政府作为公共服务的供给者，承担着“一老一小”公共服务的供给责任，而缺乏对公共服务供给主体的引导和规范，公共服务供给主体缺乏对公共服务供给的责任感，导致公共服务供给效率低、供给质量不高。在山区 26 县，社会力量参与农村“一老一小”公共服务的供给较少，主要原因是社会力量对农村“一老一小”公共服务供给的责任感和参与度不高，对参与农村“一老一小”公共服务供给的积极性不强，导致社会力量参与农村“一老一小”公共服务供给不足。

提问：根据文章标题：《关于支持山区 26 县进一步优化农村“一老一小”公共服务的建议》，一级标题：三、建议，以“加强农村“一老一小”公共服务资源整合，提高服务供给效率”为小标题写一段内容

回答：
为更好满足山区 26 县“一老一小”多元化、多层次的公共服务需求，提高服务供给效率，建议：
一是加强农村“一老一小”公共服务资源整合。鼓励各地以“一老一小”为切入点，将“一老一小”公共服务纳入县乡村三级公共服务体系，统筹整合各类“一老一小”公共服务资源，实现“一老一小”公共服务供给从“碎片化”向“系统化”转变。
二是推进农村“一老一小”公共服务标准化建设。完善农村“一老一小”公共服务标准体系，推进县乡村三级公共服务标准化建设，实现县乡村“一老一小”公共服务供给服务流程、服务内容、服务标准、服务流程等“四个统一”，有效保障山区 26 县“一老一小”公共服务供给质量。
三是提升农村“一老一小”公共服务供给能力，依托“一老一小”公共服务体系，加强农村“一老一小”公共服务队伍建设，强化农村“一老一小”公共服务人员培训，全面提升农村“一老一小”公共服务供给能力。

图 10-1　智库报告全文生成样例

资料来源：根据公开资料整理。

模型在行业中推广应用时可能引发新的风险。在智慧交通方面，无人驾驶网络系统虽然能助力交通系统提升通行效率与安全，但一旦受到黑客或者市场竞争对手的恶意攻击，极有可能使人类生命财产安全受到巨大威胁。在智慧司法领域，智能化技术已得到初步推广，最高人民法院与最高人民检察院分别提出“智慧法院”和“智慧检务”建设。但由于智能技术在“价值对齐”方面仍然有较大进步空间，过度依赖智能技术将会对司法公正造成威胁。

3. 智能化技术带来的社会风险日益严峻

智能技术变革正在冲击特定领域的就业市场，加剧了劳动力转型下的社会不安定性，导致特定领域人群面临失业危机。在此趋势下，相当数量的从业者需在短期内进行与社会新需求相匹配的职业转换，大规模劳动力转型不当有可能引发社会动荡等风险。公众对于智能化技术的拥有程度、应用程度以及创新能力的差别将引发信息落差，进而造成新一轮数字鸿沟，容易加剧社会分化和不平等。此外，由于公众受教育水平以及对数字资源获取能力的差异，新兴智能技术更多地成了精英阶层提升和优化生产力的有力工具，导致精英阶层与社会底层、高知分子与普通劳动者之间的差距日益扩大。

4. 智能化技术引发的伦理风险岌岌可危

智能化技术在各垂直领域的广泛应用给人类社会带来了生产、生活和思维方式的重大变革，但其美好初衷与技术失控风险之间存在矛盾。当前，大语言模型存在被滥用的可能性，如在制作虚假文本、音频、视频等方面，部分用户被一些 AI 换脸、语音模拟、图像合成等技术生成的虚假信息所欺骗。这些恶意生成的文件一旦被应用于网络欺凌、辱骂、造谣等场景，一方面将给当事人带来极大的精神及财产损害，另一方面也将加剧公众对于新技术的不信任感。

（二）智能化发展的机遇挑战

除了技术变革本身及其可能带来的应用、社会和伦理风险，推进智能化建设还面临着来自数据、算力、人才、监管及建设结果不确定性等众多领域的挑战。在数据方面，数据作为驱动业务价值实现的要素之一，其广度、深度、质量决定了业务需求的达成度和智能技术的能力上限。当前遇到的数据格式不统一、数据存储碎片化、数据量与数据广度匮乏、数据流通不畅等众多问题，都将从本质上影响智能技术的应用效果。在算力方面，智能化应用的算法模型训练高度依赖强大算力，传统的数字基础设施往往不适应这一需求。尤其部分地区的数字基础设施缺乏灵活的、基于云的架构，与新的智能化技术具备的领域新、变化快、范围广等特点并不适配，导致智能化技术能力的构建举步维艰。在人才方面，组织在关键技术攻坚过程中往往面临优秀科学家紧缺的情况，既懂行业又懂技术的复合型人才也异常匮乏，给智能化建设的稳定性与延续性造成冲击。预计到 2025 年，中国 ICT 人才缺口将超过 2000 万，其中云、人工智能、大数据等新兴技术方面的人才尤其稀缺。在监管方面，国家对技术的监管难以跟上新兴技术突飞猛进的步伐，现行的法律、监管制度在设计时往往缺乏对智能化技术的考量。如何引导和规范新兴智能技术的研发与应用？如何对技术违规行为做到及时发现、监管与处罚？成为有关管理部门亟待解决的关键问题。

面对上文中提到的智能化建设过程中伴随的风险与挑战，处理好智能技术与人、社会及环境间的关系，引导智能化技术“向善”发展，才能给人类和智能化技术的和谐发展提供良性环境，实现智能化技术辅助人类科学决策的目的。在开展组织智能化变革的过程中，组织决策者应采取积极的应对措施，在变革初期全面评估组织的智能化建设成熟度，衡量是否已经具备迈入智能化建设阶段的必要条件，根据当前所处的智能化能力水平选择战略方向。在明确智能化转型类型的基础上，整合分配数字资源，聚焦优势领域开展建设实践，并在实践过程中持续识别新技术，保持灵活敏捷协作的组织架构，是实现组织持续创新的关键之举。